PATRIK IAN MEYER

PROBLEME
SCHNELL LÖSEN

DIE 4 SÄULEN

- VERSTEHEN
- STRATEGIE
- ENTSCHEIDEN
- BEWÄLTIGUNG

169 TECHNIKEN UND HINWEISE
UM KOMPLEXE HERAUSFORDERUNGEN ZU MEISTERN
UND KLARE ENTSCHEIDUNGEN ZU TREFFEN

So erkennen Sie die beste Option in jeder Situation

Inhaltsverzeichnis

Einführung

Im Mittelpunkt jeder großen Leistung steht die Fähigkeit, Probleme lösen zu können. Menschen werden im Leben mit großen und kleinen Schwierigkeiten konfrontiert. Die Fähigkeit, diese Probleme effektiv zu lösen, ist jedoch nicht jedermanns Sache. Es gibt Menschen, die sich selbst mit der Lösung einfachster Probleme schwertun. Andere wiederum haben ein natürliches Talent dafür, Lösungen zu finden. Doch auch wenn Sie zur ersten Kategorie gehören, ist es möglich, ein effektiverer Problemlöser zu werden.

Wenn Sie lernen, systematisch an Probleme heranzugehen, können Sie optimale Lösungen für sie finden und diese in Hinblick auf kurz- und langfristige Ziele bewerten. Wenn Sie das Potenzial des richtigen Wissens und der richtigen Strategien erkennen, sind Sie in der Lage, selbst die komplexesten Probleme anzugehen. Dieses ständige Streben nach Wissen und persönlichem Wachstum motiviert Sie dazu, verschiedene Werkzeuge und Methoden zu erforschen, die bei der Bewältigung von Herausforderungen von entscheidender Bedeutung sein können. Dies bringt Sie auf den Weg, ein versierter Problemlöser zu werden, was das Kernthema dieses Buches ist.

Dieses Buch bietet Ihnen einen umfassenden Leitfaden dazu, wie Sie Probleme aus einer neuen Perspektive angehen können. Die vier Säulen, aus denen sich dieses Buch zusammensetzt, werden Ihre Wahrnehmung von Problemen verändern und Ihnen einen praktischen Rahmen für jede Situation bieten. Zum Beispiel werden Ihnen Wege aufgezeigt, wie Sie ein Problem definieren und es in handhabbare Teile zerlegen können. Aber dieses Buch ist nicht nur voll von Theorien und wissenschaftlichen Erkenntnissen, es bietet auch praktische Strategien, die außerhalb des Klassenzimmers anwendbar sind. Mittels dieser können Sie auch alltägliche Probleme in Ihrem persönlichen und beruflichen Leben lösen.

Wenn man im Leben auf Hindernisse stößt, kann es unglaublich frustrierend sein, wenn sich das Erzielen von Fortschritten als unmöglich erweist. Als ich mich selbst in dieser Situation befand, machte ich es mir zur Aufgabe, Wege zu finden, um Hindernisse zu überwinden und ein effektiver Problemlöser zu werden. Durch Ausprobieren habe ich praktische Lösungen und Strategien entwickelt. Diese Erfahrungen halfen mir, neue Perspektiven zu gewinnen und einen anderen Ansatz zur Problemlösung zu finden. Durch die Analyse meiner Erfahrungen und die von mir angewandten Techniken gingen mir diese Grundsätze allmählich in Fleisch und Blut über. Sie wurden zu meinen bevorzugten Methoden, wenn ich mit Herausforderungen konfrontiert wurde, und sind ein wesentlicher Bestandteil meines Erfolgs. Ich hoffe, dass ich mit diesem Buch anderen dabei helfen kann, kreative Problemlöser zu werden, indem ich mein Wissen mit ihnen teile. Aufgrund des immensen Nutzens dieses Buches werden Sie wahrscheinlich mehr erreichen, als Sie jemals für möglich gehalten haben.

Um eine neue Perspektive auf die Problemlösung zu bieten, werden in diesem Buch vier Säulen vorgestellt. Die erste Säule des Buches konzentriert sich auf das Verständnis des Problems, ein entscheidender Aspekt der Problemlösung. Hier lernen Sie, das Problem gründlich zu analysieren und relevante Daten zu sammeln. Dies erleichtert die Formulierung und Entscheidung über den besten Ansatz zur Lösung des Problems. Mittels einer soliden Grundlage bietet die zweite Säule anschließend verschiedene Optionen und Methoden, um die beste Lösung für das Problem zu entwickeln.

Bei der dritten Säule geht es um die Auswahl der besten Lösung unter mehreren Optionen. Der Schwerpunkt liegt also auf der

Bewertung und Priorisierung potenzieller Lösungen sowie der Auswahl und Umsetzung der gewählten Lösung. Dieser Ansatz trägt dazu bei, den Entscheidungsprozess zu optimieren, was bei der Lösung komplexer Probleme unerlässlich ist. Wie in der vierten Säule hervorgehoben wird, ist die Problemlösung zudem unweigerlich mit Einschränkungen und Herausforderungen verbunden. Zu diesen Herausforderungen können mangelnde Klarheit, Voreingenommenheiten, Unterstellungen und begrenzte Ressourcen wie Zeit und Unterstützung gehören. Die vierte Säule soll helfen, diese Herausforderungen und Hindernisse zu überwinden, indem sie Techniken und Strategien zu deren Bewältigung vorstellt.

Im Kern zielt dieses Buch darauf ab, Ihre Problemlösungsfähigkeiten zu verbessern, indem es Ihnen hilft, den Menschen innewohnende Voreingenommenheiten bei der Entscheidungsfindung zu überwinden. Leider ist der Mensch anfällig für Voreingenommenheiten bei der Entscheidungsfindung, was zu suboptimalen Ergebnissen führt. Doch mithilfe dieses Buchs können Sie Ihre kognitiven Fähigkeiten stärken, um ein besserer Problemlöser und ein erfolgreicheres Individuum zu werden.

Die Entwicklung einer wirksamen und unkomplizierten Methode zur Überwindung von Herausforderungen ist für die Bewältigung großer und kleiner Probleme unerlässlich. In Anbetracht dessen bietet dieses Buch ein einfaches, aber wirkungsvolles Verfahren zur Identifizierung eines jeden Problems. Auch die Formulierung gut durchdachter Lösungen und deren effektive Umsetzung werden dadurch erleichtert. Dieses Verfahren verbessert nicht nur die Qualität Ihrer Lösungen. Es hilft Ihnen auch, Hindernisse systematisch anzugehen. Daher ist dieses Buch ein Muss für jeden, der seine Problemlösungsfähigkeiten verbessern und im Leben vorankommen möchte.

Zusammenfassend lässt sich sagen, dass dieses Buch die wichtigsten Problemlösungskonzepte und -prinzipien in einer unkomplizierten, leicht zugänglichen Form zusammenfasst. In jedem Kapitel lernen Sie neue Theorien und Techniken kennen, die Sie in jedem persönlichen oder sozialen Umfeld anwenden können. Die Methoden und Strategien, die Ihnen gleich präsentiert werden, führen nachweislich zu erstaunlichen Ergebnissen. Jetzt ist es an der Zeit, zu handeln und ein effektiverer Problemlöser zu werden.

Kapitel 1

Die Grundlagen der Problemlösung

Sind Sie bereit, Ihre Problemlösungsfähigkeiten auf die nächste Stufe zu heben? Die Fähigkeit, Probleme zu lösen, ist sowohl in Ihrem Berufs- als auch in Ihrem Privatleben entscheidend. Es geht dabei darum, Herausforderungen, die Ihren Fortschritt behindern, zu erkennen, zu analysieren und zu überwinden. Effektive, effiziente und pragmatische Lösungen für Probleme zu finden, erfordert eine Reihe von kognitiven Fähigkeiten. In diesem Kapitel erfahren Sie alles, was Sie über die Problemlösung wissen müssen, einschließlich der Definition, der Bedeutung und der Möglichkeiten zur Verbesserung Ihrer Fähigkeiten. Lassen Sie uns eintauchen und diese Herausforderungen gemeinsam angehen.

Was ist Problemlösung?

Im Laufe unseres Lebens werden wir täglich mit verschiedenen Problemen konfrontiert, die gelöst werden müssen, damit wir vorankommen und unsere Ziele erreichen. Mithilfe einer effektiven Problemlösung können wir Probleme angehen und fundierte Entscheidungen treffen, die zum Erfolg führen. Das heißt, dass die Problemlösung bei der Bewältigung persönlicher oder beruflicher Herausforderungen unerlässlich ist.

Eine Definition der Problemlösung

Wenn Herausforderungen auftauchen, ist das Finden effektiver Lösungen durch Identifizierung des Problems das, was wir Problemlösung nennen. Mit anderen Worten, es ist die Fähigkeit, Lösungen zu schaffen. Eine Person, die sich bei der Problemlösung auszeichnet, kann die Ursache des Problems ermitteln und einen geeigneten Aktionsplan erstellen. Bei der Problemlösung geht es nicht nur um die Bewältigung aktueller Probleme, sondern auch um die Erarbeitung dauerhafter Lösungen, die potenzielle künftige Komplikationen verhindern.

Um effektive Problemlöser zu werden, müssen wir kritisch denken und Entscheidungen treffen können. So müssen wir beispielsweise in der Lage sein, eine Situation kritisch zu bewerten und Entscheidungen zu treffen, die sich positiv auswirken. Kritisches Denken bedeutet, das Problem aus verschiedenen Perspektiven zu betrachten und geeignete Lösungen vorzuschlagen. Bei der Entscheidungsfindung geht es darum, die verfügbaren Optionen zu bewerten und auf Grundlage der Bedürfnisse und Anforderungen der Situation die beste auszuwählen.

Abgesehen davon sind für die Problemlösung folgende Fähigkeiten erforderlich, die dem Einzelnen helfen, Herausforderungen zu bewältigen:

- **Kreativität.** Die Entwicklung neuer Ideen und die Erkundung von Lösungen, die nicht unmittelbar einleuchten, ermöglichen es uns, Probleme innovativ anzugehen. Dies führt zu effektiveren und effizienteren Lösungen.
- **Analytisches Denken.** Das Analysieren und Interpretieren von Daten hilft dabei, die Ursache eines Problems zu ermitteln und die beste Lösung dafür zu finden. Ebenso ermöglicht analytisches Denken uns, Probleme systema-

tisch anzugehen und fundierte Entscheidungen auf der Grundlage von Daten zu treffen.

- **Aufgeschlossenheit.** Die unvoreingenommene Betrachtung mehrerer Perspektiven und die Erkundung verschiedener Blickwinkel tragen dazu bei, die optimale Lösung für ein Problem zu finden.
- **Ausdauer.** Angesichts von Herausforderungen und Rückschlägen konzentriert und belastbar zu bleiben, hilft uns, weiter auf eine Lösung hinzuarbeiten. So können wir Hindernisse überwinden und weiterhin neue Möglichkeiten erkunden, bis wir eine Lösung gefunden haben.
- **Kollaboration.** Die effektive Zusammenarbeit mit anderen und die Nutzung ihrer Fähigkeiten und Perspektiven ist für die gemeinsame Lösung komplexer Probleme von entscheidender Bedeutung. So können wir beispielsweise unterschiedliche Perspektiven und Kenntnisse nutzen, was zu innovativeren und effektiveren Lösungen führt.

Es gibt drei Problemlösungsansätze: den *analytischen,* den *kreativen* und den *verhaltensorientierten* Ansatz.

- **Analytischer Ansatz:** das Problem in kleinere Teile zerlegen, um die Grundursache und die Auswirkungen zu ermitteln.
- **Kreativer Ansatz:** innovative Lösungen entwickeln, um das Problem anzugehen, indem man über den Tellerrand hinausblickt.
- **Verhaltensbasierter Ansatz:** berücksichtigen, wie die Menschen von dem Problem betroffen sind, und Lösungen schaffen, die ihnen zugutekommen.

Diese drei Ansätze sind wichtig, da sie unterschiedliche Perspektiven und Problemlösungsstrategien bieten. So hilft der analytische Ansatz, das zugrunde liegende Problem zu ermitteln. Der kreative Ansatz ermutigt zu neuen und innovativen Ideen. Der verhaltensorientierte Ansatz stellt die Bedürfnisse der von dem Problem betroffenen Menschen in den Vordergrund. Durch die Kombination dieser Ansätze können Einzelpersonen und Teams abgerundete Lösungen schaffen, von denen alle Beteiligten profitieren.

Wenn wir unsere Problemlösungsfähigkeiten entwickeln, fördern wir die Kreativität. In der Folge verbessert dies unsere Entscheidungsfähigkeit und führt zu Innovation. Kreativität stärkt auch das Selbstvertrauen und das Selbstwertgefühl, fördert die Teamarbeit und verbessert die Kommunikationsfähigkeiten. Auf diese Weise ermöglicht uns das Problemlösen also, Schwachstellen zu erkennen und Verbesserungen vorzunehmen.

Die Problemlösung in verschiedenen Bereichen

Die meisten erfolgreichen Menschen verfügen über eine solide Problemlösungskompetenz, ganz egal, in welchem Bereich sie agieren. Unabhängig von unserer Spezialisierung ist die Fähigkeit, Probleme zu bewerten und Lösungen für sie anzubieten, entscheidend für das Erreichen unserer Ziele. Darüber hinaus unterscheidet die Fähigkeit, Probleme systematisch anzugehen, erfolgreiche Menschen von denen, die sich schwer damit tun, Lösungen zu finden.

Aus diesem Grund ist das Lösen von Problemen eine der gefragtesten Fähigkeiten in verschiedenen Bereichen, unter anderem in:

Business

In der Geschäftswelt werden Problemlösungsfähigkeiten hoch geschätzt. Jeden Tag stehen Geschäftsinhaber und Führungskräfte vor vielen Herausforderungen, zum Beispiel bei der Suche nach Möglichkeiten zur Kostensenkung, Umsatzsteigerung oder Risikominderung. Die Fähigkeit, ein Problem kreativ anzugehen, es zu analysieren und praktikable Lösungen zu entwickeln, kann darüber entscheiden, ob ein Unternehmen floriert oder scheitert. Starke Problemlösungsfähigkeiten sind auch für Mitarbeiter in den Bereichen Vertrieb, Marketing oder Kundendienst unerlässlich. So können Unternehmen beispielsweise die Kundenbindung verbessern, indem sie Probleme der Kunden erkennen und angehen.

Bildung

Problemlösungskompetenz ist auch im Bildungsbereich wichtig. Lehrer müssen sich mit zahlreichen Problemen auseinandersetzen, die sich direkt auf die Lernergebnisse der Schüler auswirken. Zu diesen Problemen können Verhaltensauffälligkeiten der Schüler, sinkende Schülerzahlen und unzureichende Ressourcen gehören. Das Erkennen und Entwickeln von Strategien zur Lösung dieser Probleme fördert ein unterstützendes Lernumfeld. Pädagogen mit guten Problemlösungskompetenzen können Herausforderungen vorhersehen und verhindern, bevor sie auftreten. Außerdem können sie innovative Wege zur Verbesserung der Schülerleistungen finden.

Durch das Lösen von Problemen können die Schüler eine analytische Denkweise und einen systematischen Lernansatz entwickeln. Diese Techniken verbessern ihre Fähigkeiten zum kritischen Denken und zur Entscheidungsfindung, die für den akademischen Erfolg unerlässlich sind. Durch die Teilnahme an verschiedenen Kursen und die Beteiligung an Aufgaben, die das Lösen von Problemen erfordern, werden die Schüler selbstbewusster und können sich besser ausdrücken. Darüber hinaus gewinnen sie ein tieferes Verständnis für sich selbst und die Welt um sie herum.

Wissenschaft

In der Wissenschaft ist das Lösen von Problemen von großer Bedeutung und daher eine nicht zu unterschätzende Fähigkeit. Problemlösungsfähigkeiten sind beispielsweise grundlegend für das forschende Lernen, bei dem es darum geht, Fragen zu stellen, Probleme zu lösen und über die Ergebnisse zu reflektieren. Wissenschaftler müssen sich mit verschiedenen komplexen Problemen auseinandersetzen, von der Wahl der richtigen Forschungsmethodik bis zur Auswahl geeigneter Instrumente. Durch die Analyse auftretender Probleme und die Anwendung der wissenschaftlichen Methode können Wissenschaftler Versuchspläne entwickeln, die die Variablen genau messen.

Außerdem müssen Wissenschaftler in der Lage sein, Kreativität und kritisches Denken zu kombinieren, um Hypothesen aufzustellen, Experimente zu planen und Daten zu analysieren, um aussagekräftige Ergebnisse erhalten zu können. Mit effektiven Problemlösungsfähigkeiten können Wissenschaftler die Herausforderungen meistern, denen sie sich stellen müssen, wenn sie versuchen, ihr Fachgebiet voranzubringen. Die Problemlösungskompetenz hilft ihnen bei der Entwicklung neuer Technologien und innovativer Lösungen, die die Welt revolutionieren können.

Technologie

In der Technologiebranche ist die Problemlösung von entscheidender Bedeutung, da neue und aufkommende Technologien ständig einzigartige Herausforderungen darstellen. Die komplizierte Natur der Technologie erfordert oft eine gründliche Analyse und kreative Lösungen, um auftretende Hindernisse überwinden zu können. Ebenso verlangt das schnelllebige Umfeld innovative Lösungen für komplexe Probleme.

Unternehmen wie Apple, Microsoft und Amazon haben berichtet, dass Problemlösung eine der wichtigsten Fähigkeiten ist, nach der sie bei potenziellen Mitarbeitern suchen. Da sich der Wettbewerb in der Branche verschärft, haben diese Unternehmen erkannt, dass ihnen Mitarbeiter mit starken Problemlösungsfähigkeiten einen Vorteil verschaffen können, der sie für Investoren und Kunden, die einen effizienten Service schätzen, attraktiver macht.

Medizin

Unter Berücksichtigung der Krankengeschichte, der Symptome und anderer Faktoren müssen Gesundheitsdienstleister das Problem ihrer Patienten erkennen und einen wirksamen Behandlungsplan erstellen. Dabei müssen sie detailorientiert, analytisch und schnell denken, um genaue und effiziente Entscheidungen treffen zu können. Die medizinischen Durchbrüche, die wir heute erleben, wie Behandlungen und Medikamente, sind das Ergebnis jahrelanger konsequenter Problemlösungsarbeit im medizinischen Bereich. Ohne sie gäbe es keine Therapien, und die Patienten würden nicht die Behandlung erhalten, die sie verdienen.

Recht

Anwälten ist das Lösen von Problemen nicht fremd. So müssen sie beispielsweise komplexe Situationen beurteilen und die beste Vorgehensweise für ihre Mandanten ermitteln. Ebenso müssen sie in der Lage sein, die Ursache eines Problems zu bestimmen, Beweise zu analysieren und rechtliche Argumente zu formulieren. Außerdem müssen sie überzeugend und logisch vorgehen und klar kommunizieren können. Anwälte, die rechtliche Probleme zeitbewusst lösen können, haben daher bessere Aussichten auf eine erfolgreiche Laufbahn.

Wie aus den obigen Beispielen hervorgeht, ist die Problemlösung nicht nur wichtig, sondern für den Erfolg in jedem anspruchsvollen Beruf unerlässlich. Menschen, die Herausforderungen mit einem Fokus auf Problemlösung angehen können, sind im professionellen Umfeld in der Regel begehrter und profitieren von Zufriedenheit und Aufstiegschancen am Arbeitsplatz.

Säule 1

Das Problem verstehen

Wenn es um Problemlösung geht, ist der erste und wohl wichtigste Schritt das Verstehen des Problems. Ohne ein klares Verständnis des Problems ist es unmöglich, wirksame Lösungen zu entwickeln. An dieser Stelle kommt die erste Säule der Problemlösung ins Spiel. Diese Säule soll Ihnen dabei helfen, die Herausforderung, mit der Sie konfrontiert sind, zu definieren, zu analysieren und Informationen darüber zu sammeln. Außerdem werden die Instrumente und Techniken vorgestellt, die bei diesem entscheidenden Schritt des Problemlösungsprozesses hilfreich sein können. Durch ein tieferes Verständnis des Problems können Sie dieses systematischer angehen und wirksame Lösungen entwickeln, die direkt auf die Ursache abzielen.

Kapitel 2

Definieren Sie das Problem

Im Großen und Ganzen stehen wir alle vor Problemen, die unterschiedlich schwierig und komplex sind. Doch der wahren Probe unseres Charakters unterziehen wir uns, wenn wir unsere Probleme frontal angehen. Die Bewältigung dieser Herausforderungen ist jedoch nicht so einfach, wie es scheint. Bevor Sie Lösungen finden, müssen Sie die Symptome des Problems identifizieren. Dann müssen Sie den Umfang des Problems klären und eine klare Problemstellung mit spezifischen Zielen entwickeln. Daher werden in diesem Kapitel Techniken zur Problemeingrenzung und -neuausrichtung, zur Datenerfassung und -analyse sowie zur Entwicklung einer Problemstellung untersucht. Am Ende dieses Kapitels werden Sie über die Mittel verfügen, um jedes Problem systematisch angehen zu können.

Identifizieren Sie das Problem und seine Symptome

Jede Organisation muss anerkennen, dass es Bereiche gibt, die verbessert werden müssen, damit sie Erfolg hat. Der Weg zur Aufdeckung dieser Unzulänglichkeiten liegt in der Fähigkeit, das Problem und seine Symptome zu erkennen. Oft sind diese Symptome Ausdruck der zugrunde liegenden Probleme. Deshalb ist es wichtig, sie zu erkennen und anzugehen, bevor sie eskalieren.

Die Identifizierung des Problems

Das Erkennen von Problemen am Arbeitsplatz ist ein wenig wie Detektivarbeit und erfordert einen scharfen Blick, um die verräterischen Anzeichen der Probleme erkennen zu können. Wenn Sie zum Beispiel durch mangelnde Teamarbeit behindert werden, ist das Erkennen der Symptome dieses Problems entscheidend, um den Schlüssel zur Lösung zu finden. Wenn Sie die Kunst der Problemerkennung beherrschen, können Sie die eigentliche Ursache aufdecken. So können Sie den Weg zu einem effektiveren Arbeitsplatz ebnen.

Das Gefühl, mit endlosen Aufgaben und Verantwortlichkeiten überfordert zu sein, ist für viele auch ein häufiges Problem im Privatleben. Dieser frustrierende Zustand kann sich in verschiedenen Formen äußern, von ständiger Reizbarkeit bis hin zur Unfähigkeit, sich zu konzentrieren, oder einem völligen Mangel an Motivation. Es ist jedoch notwendig, diese Symptome festzustellen und ihrer Ursache auf den Grund zu gehen. Ist die Ursache erst einmal ausfindig gemacht, wird der Weg zu Lösungen wie dem Delegieren von Aufgaben oder dem Erstellen eines Prioritätensystems frei.

Unternehmen sind häufig mit einer niedrigen Arbeitsmoral und hohen Fluktuationsraten konfrontiert. Zu den Symptomen einer niedrigen Arbeitsmoral können eine verringerte Produktivität, Fehlzeiten und eine negative Einstellung gegenüber Teammitgliedern oder dem Management gehören. Eine hohe Fluktuationsrate wiederum könnte bedeuten, dass sich die Mitarbeiter unterbewertet und unterbezahlt fühlen oder dass sie sich in ihrer Karriere nicht weiterentwickeln können. Um den Verlust wertvoller Mitarbeiter zu vermeiden und ein gesundes Arbeitsumfeld aufrechtzuerhalten, ist es wichtig, diese Symptome frühzeitig zu erkennen und die Ursachen zu beseitigen.

Werden Probleme und ihre Symptome nicht erkannt, kann sich dies negativ auf unser Leben auswirken. Ebenso kann eine Fehldiagnose oder das Ignorieren von Symptomen im Laufe der Zeit zu mehr Problemen führen, und es kann schwierig werden, diese Probleme zu lösen. Diese Situation kann auch zu einem Ungleichgewicht in unserem Privat- und Berufsleben führen und unsere Gesundheit, unser Glück und unser Wohlbefinden beeinträchtigen.

Die Problemeingrenzung und -neuausrichtung

Bei der Problemeingrenzung wird eine Situation analysiert, um das zugrunde liegende Problem genau zu bestimmen. Diese Denkmethode hilft, das Problem aus verschiedenen Blickwinkeln zu betrachten, um die Ursache zu ermitteln und die Herausforderungen zu verstehen, die einer Lösung bedürfen. Im Gegensatz dazu wird bei der Problemneuausrichtung das Problem neu definiert, um eine objektive, neue Perspektive zu gewinnen und alternative und bessere Lösungen zu finden. Auf diese Weise können wir das Problem aus einem anderen Blickwinkel betrachten und einzigartige Ideen entwickeln.

Lassen Sie uns dies an einem Beispiel verdeutlichen. Nehmen wir an, Sie sind der CEO eines Unternehmens, das mit rückläufigen Umsätzen zu kämpfen hat. Wahrscheinlich ist Ihr erster Instinkt, das Problem durch neue Marketingkampagnen oder die Erweiterung Ihrer Produktpalette zu lösen. Ohne eine klare Problembeschreibung verschwenden Sie jedoch vielleicht Ressourcen. Durch den Einsatz von Techniken zur Problemeingrenzung und -neuausrichtung können Sie jedoch die wahren Gründe für den Umsatzrückgang aufdecken und gezielte Lösungen entwickeln, die mit größerer Wahrscheinlichkeit zu den gewünschten Ergebnissen führen.

Darüber hinaus können Problemeingrenzung und -neuausrichtung weiteren Nutzen mit sich bringen, darunter:

- **Bessere Entscheidungsfindung.** Wenn wir mit einem Problem konfrontiert werden, versuchen wir natürlich sofort, eine Lösung zu finden. Dieser Ansatz befasst sich jedoch nur mit den oberflächlichen Aspekten und nicht mit den zugrunde liegenden Problemen. Indem wir das Problem eingrenzen und neu formulieren, können wir uns dem Problem gründlicher nähern und auf der Grundlage der gewonnenen Erkenntnisse eine fundierte Entscheidung treffen.
- **Gesteigerte Kreativität und Innovation.** Wenn wir Probleme neu formulieren, sind wir gezwungen, kreativ zu denken und über den Tellerrand zu schauen. Das wiederum hilft uns, neue, innovative Ideen zu entwickeln, um potenzielle Möglichkeiten erkennen zu können, die wir vorher vielleicht übersehen haben. Eine neue Perspektive kann dazu beitragen, dass aus anfänglichen Ideen einzigartige und spannende Lösungen werden.
- **Bessere Zusammenarbeit und Teamwork.** Wenn Teams zusammenarbeiten, um ein gemeinsames Ziel zu erreichen, bringen sie unterschiedliche Perspektiven und Standpunkte ein. Problemeingrenzung und -neuausrichtung können dabei helfen, diese Perspektiven und Ziele aufeinander abzustimmen, was letztlich zu einer besseren Teamarbeit und Kooperation führt.
- **Gesteigerte Effizienz und Produktivität.** Mithilfe der richtigen Problemeingrenzung und -neuausrichtung können Probleme effektiver angegangen und gelöst werden.

Es gibt verschiedene Methoden, die Sie anwenden können, um sich der Problemeingrenzung und -neuausrichtung zu nähern, einige davon sind die folgenden:

- **Prüfung der Grenzen.** Die Festlegung der Grenzen des Problems und die Bestimmung dessen, wie sich verschiedene Aspekte auf das Problem auswirken.
- **Annahmen infrage stellen.** Die Bewertung der eigenen Annahmen und Überzeugungen und die Bestimmung dessen, wie sie die Herangehensweise an das Problem beeinflussen.
- **Divergentes Denken.** So viele Ideen wie möglich generieren, um eine Lösung zu finden, anstatt sich auf vorgefasste Meinungen zu verlassen.
- **Analogien.** Der Vergleich eines aktuellen Problems mit einem früheren oder ganz anderen Problem, um eine neue Perspektive zu gewinnen.

Wenn wir diese Konzepte anwenden, können wir bessere Problemlöser in unserem persönlichen und beruflichen Leben werden, was letztlich zu größerem Erfolg führt.

Klären Sie das Problem und seinen Umfang

Der erste Schritt zur Problemlösung besteht darin, das Problem zu verstehen, mit dem man sich befasst. Zur Klärung des Problems gehört es, dieses zu definieren und seinen Umfang zu bestimmen. Die Definition des Problems hilft dabei, seine Merkmale zu ermitteln, während die Bestimmung des Umfangs hilft, die Grenzen des Problems auszuloten. Zu den Techniken zur Klärung eines Problems gehören das Stellen offener Fragen, Brainstorming, die Durchführung von Recherchen und das Erkennen von Annahmen und Vorurteilen.

Offene Fragen erfordern mehr als ein „*Ja*" oder „*Nein*" als Antwort. Beispiele für offene Fragen sind: „*Wie können wir unseren Kundenservice verbessern?*", oder „*Welche verschiedenen Möglichkeiten gibt es,* *unsere Produktionskosten zu senken?"* Diese Fragen tragen dazu bei, mehr Ideen zu generieren und ermöglichen es Ihnen, das Problem besser zu verstehen und mögliche Lösungen zu erkunden.

Brainstorming ist eine weitere Technik zur Klärung des Problems. Bei dieser Strategie wird eine Gruppe von Personen zusammengerufen, um Ideen und mögliche Lösungen für das Problem zu entwickeln. Außerdem können so mehr Perspektiven eingebracht werden, was die Chance erhöht, die richtige Lösung zu finden. Die **Durchführung von Recherchen** ermöglicht es Ihnen, mehr Informationen über das Problem zu sammeln, was dazu beitragen kann, die Ursache und die Beteiligten zu ermitteln. Mit diesen Informationen können Sie mehr Optionen für die Lösung des Problems entwickeln.

Zudem ist es wichtig, **unsere Annahmen und Vorurteile zu identifizieren und anzuerkennen,** da sie unseren Entscheidungsprozess beeinflussen können. Annahmen sind Glaubenssätze über bestimmte Dinge, die wahr oder unwahr sein können. Wenn wir uns auf sie stützen, ohne ihre Richtigkeit zu überprüfen, kann dies zu Entscheidungen führen, die auf falschen Informationen beruhen. Voreingenommenheiten sind unsere Präferenzen, Vorurteile und Veranlagungen gegenüber bestimmten Dingen oder Menschen. Sie können unsere Wahrnehmung und unser Urteilsvermögen verzerren. Wenn wir sie jedoch erkennen und angehen, stellen wir dadurch sicher, dass wir mit genauen Informationen arbeiten und Entscheidungen auf der Grundlage objektiver Fakten und nicht subjektiver Meinungen oder Überzeugungen treffen. Darüber hinaus kann das Verstehen unserer Annahmen und Vorurteile uns dabei helfen, Einfühlungsvermögen und Aufgeschlossenheit gegenüber anderen zu entwickeln, was uns in die Lage versetzt, effektiver zu kommunizieren und zusammenzuarbeiten.

Techniken zur Datenerfassung und -analyse

Für die Problemlösung liefert die Datenerfassung wertvolle Informationen über das jeweilige Problem. Ohne diese Informationen wäre es schwierig, ein kohärentes Bild des Problems zu erstellen und fundierte Entscheidungen über das weitere Vorgehen zu treffen.

Stellen Sie sich das Sammeln von Daten wie eine Taschenlampe vor, die den Weg vor Ihnen ausleuchtet, sodass Sie leichter erkennen können, was vor Ihnen liegt. Auf ähnliche Weise können Sie Informationen aus verschiedenen Quellen und Blickwinkeln zusammentragen, was Ihnen einen ganzheitlicheren Blick auf die Situation ermöglicht. So können Sie beispielsweise Muster, Korrelationen und Trends erkennen, die vielleicht nicht sofort ersichtlich waren.

Es gibt viele Techniken der Datenerhebung, darunter:

- **Umfragen.** Diese werden verwendet, um Informationen von vielen Personen zu einem bestimmten Thema zu sammeln. Umfragen können online oder persönlich durchgeführt werden, je nach Zielgruppe. Die quantitativen Daten der Befragten können genutzt werden, um fundierte Entscheidungen zu treffen.
- **Befragungen.** Hierbei handelt es sich um Einzelgespräche mit einer Person oder einer Gruppe von Personen, die mit dem Problem in Verbindung stehen. Diese Technik liefert qualitative Daten, die ausführliche Informationen über das Problem liefern.
- **Beobachtung.** Sie wird eingesetzt, um Informationen über ein bestimmtes Verhalten, einen Prozess oder eine Aktivität zu sammeln.
- **Sekundärquellen.** Dies sind Informationen aus vorhandenen Quellen, wie Bücher, Artikel und veröffentlichte Berichte. Das Sammeln von Daten aus Sekundärquellen

liefert Hintergrundinformationen zum Problem und spart Ihnen Zeit und Ressourcen.

Nach der Datenerfassung folgt der nächste Schritt: die Datenanalyse. Bei der Datenanalyse werden die gesammelten Informationen untersucht, um Muster, Beziehungen und mögliche Lösungen zu erkennen.

Bei der Datenanalyse können verschiedene Techniken angewandt werden, die jeweils einem bestimmten Zweck dienen. Eine dieser Techniken ist die **qualitative Analyse**, bei der nicht numerische Daten wie Interviews und Beobachtungen untersucht werden, um Muster und Themen zu erkennen. Diese Methode ist vorteilhaft, wenn es um komplexe Themen oder kleine Stichprobengrößen geht.

Bei der **quantitativen Analyse** werden numerische Daten, zum Beispiel aus Umfragen, untersucht, um statistische Beziehungen zwischen Variablen zu ermitteln. Mit dieser Technik werden numerische Daten gewonnen, aus denen sich Schlussfolgerungen ziehen und anhand deren sich fundierte Entscheidungen treffen lassen. Eine weitere häufig verwendete Technik ist die **statistische Analyse**, bei der statistische Methoden wie die Regressionsanalyse eingesetzt werden, um die Daten auf umfassendere Weise zu analysieren, was komplexere Schlussfolgerungen ermöglicht.

Die zuletzt zu nennende **Grundursachenanalyse** ist eine Technik, die dazu dient, die eigentliche Ursache eines Problems zu ermitteln. Sie beinhaltet die Bestimmung der verschiedenen Faktoren, die mit dem Problem zusammenhängen, um die Grundursache aufzudecken. Durch die Anwendung dieser Technik können Organisationen das zugrunde liegende Problem angehen, anstatt nur die Symptome zu behandeln.

Durch die Definition des Problembereichs und die Sammlung und Analyse der relevanten Daten können wir unsere Lösungen in verschiedenen Situationen anpassen.

Definieren Sie die Problemstellung und Zielsetzung

Jeder Erfolg oder Misserfolg im Leben hängt von einer korrekten Problemdiagnose, der Formulierung klarer Ziele und der Fähigkeit ab, diese beiden Aspekte auf effektive Art zu verknüpfen. Die Ermittlung von Problemen und die Festlegung von Zielen scheint zwar ein simpler Prozess zu sein, beides erfordert aber ein hohes Maß an Überlegung und Geschick. Andernfalls riskieren Sie ein verzerrtes Verständnis dessen, was Sie zu erreichen versuchen, was letztlich zu vergeudeten Anstrengungen, verpassten Chancen und verlorenen Investitionen führen kann.

Problemstellung

Das Herzstück eines jeden erfolgreichen Problemlösungsprozesses ist eine gut formulierte Problemstellung. Diese Problemstellung ist eine kurze, aber aussagekräftige Beschreibung des Problems. Außerdem sollte sie klar und prägnant sein und die wichtigsten Fragen beantworten: *Was ist das Problem? Warum ist es wichtig? Wen betrifft es? Wo und wann tritt es auf?*

Bei der Definition der Problemstellung geht es darum, das Problem zu identifizieren, seinen Schweregrad zu beschreiben und seine Auswirkungen zu skizzieren. Zu den Techniken zur Bestimmung der Problemstellung gehört das Brainstorming. Beim Brainstorming denken Sie an alle möglichen Probleme, mit denen Sie konfrontiert sind. Ordnen Sie diese dann nach Priorität und versuchen Sie, sie auf eine einzige Aussage zu reduzieren. Eine weitere Technik ist die Erstellung eines Rahmens für die Problemstellung, der Struktur und Orientierung bieten kann. Ein solcher Rahmen könnte beispielsweise die folgenden Elemente enthalten: Bedarf, Umfang, Ursache, Folgen und Kriterien. Alternativ können Sie auch eine Grundursachenanalyse oder eine SWOT-Analyse (ein englisches Akronym, das für Stärken (Strengths), Schwächen (Weaknesses), Chancen (Opportunities) und Gefahren (Threats) steht) durchführen. Diese Methoden ermöglichen es uns, die Ursache des Problems zu ermitteln und eine Rundumsicht auf die Situation zu erhalten.

Zielsetzungen entwickeln

Nach der Definition der Problemstellung besteht der nächste Schritt darin, messbare und erreichbare Ziele zu entwickeln. Diese Ziele dienen als Fahrplan für die Lösung des Problems, indem sie spezifische und realistische Ziele vorgeben, die anzustreben sind. Die Festlegung klarer Ziele vermittelt ein klares Bild vom Erfolg und davon, wie die Fortschritte bei der Erreichung dieses Ziels gemessen werden können. Ohne Zielvorgaben besteht die Gefahr, dass man das Endziel aus den Augen verliert. Mithilfe von Zielen können wir jedoch auf dem richtigen Weg bleiben und uns auf die Lösung konzentrieren, sodass wir stetig Fortschritte machen.

Eine wirksame Technik zur Entwicklung von Zielen ist die Verwendung der SMART-Kriterien. SMART ist ein englisches Akronym und steht für „spezifisch", „messbar", „erreichbar", „relevant" und „termingebunden" („Specific", „Measurable", „Achievable", „Reasonable", „Time-bound"). Führen Sie die folgenden Schritte aus, um Ziele auf effektive Weise festzulegen:

1. **Identifizieren Sie den Lösungsbereich.** Welches Gebiet oder welcher Bereich ist für die Problemlösung relevant?

2. **Setzen Sie Prioritäten bei den Zielen.** Welches sind die wichtigsten und strategischen Ziele, die mit der Problemstellung in Einklang stehen?

3. **Zerlegen Sie die Ziele in Teilaufgaben.** Was sind die spezifischen Maßnahmen und Ergebnisse, die zur Erreichung des bestimmten Ziels führen?

4. **Definieren Sie die Messgrößen und Indikatoren.** Wie werden Sie den Fortschritt und den Erfolg der einzelnen Ziele messen?

5. **Legen Sie Fristen und Etappenziele fest.** Wann werden die einzelnen Teilaufgaben abgeschlossen sein, und wann werden die einzelnen Ziele erreicht sein?

Eine weitere Technik ist die Entwicklung einer Entscheidungsmatrix. Anhand einer Entscheidungsmatrix können Sie Optionen vergleichen und Ihre Ziele auf der Grundlage ihrer Auswirkungen und Durchführbarkeit nach Prioritäten ordnen.

Verknüpfen Sie die Problemstellung und die Ziele, nachdem Sie sie jeweils definiert und entwickelt haben. Eine klare Verbindung zwischen Ihrer Problemstellung und Ihren Zielen erspart Ihnen Zeit und Ressourcen für irrelevante Aktivitäten. Außerdem wird so sichergestellt, dass Ihre Ziele mit Ihrer Problemstellung übereinstimmen und sie zur Lösung beitragen.

Zur Visualisierung der Verbindung zwischen Problemstellung und Zielsetzung verwenden Sie das Ursache-Wirkungs-Diagramm, auch Fischgrät-Diagramm genannt. Dieses Diagramm hilft Ihnen, die Ursache des Problems zu ermitteln und sie mit Ihren Zielen zu verknüpfen. Auf diese Weise können Sie sicherstellen, dass Ihre Ziele für das Problem relevant sind und dessen Ursachen angehen. Eine weitere Technik ist das Gantt-Diagramm, mit dessen Hilfe Sie Ihre Ziele im Zeitverlauf visualisieren und den Fortschritt verfolgen können.

Das Erkennen der Symptome eines Problems und seiner Ursachen ermöglicht die Entwicklung gezielter Lösungen. In der Folge können Problemeingrenzung und -neuausrichtung die Entscheidungsfindung verbessern, Kreativität und Innovation fördern, Zusammenarbeit und Teamwork verbessern und die Effizienz und Produktivität steigern. Techniken wie die Prüfung von Grenzen, das Hinterfragen von Annahmen, divergentes Denken und Analogien können für die Problemeingrenzung und -neuausrichtung eingesetzt werden. Zu guter Letzt gehört zur Klärung des Problems die Definition desselben und die Bestimmung seines Umfangs, was durch das Stellen offener Fragen, durch Brainstorming, durch die Durchführung von Recherchen und durch die Ermittlung von Annahmen und Vorurteilen geschehen kann.

Kapitel 3
Analysieren Sie das Problem

Der Beginn eines Problemlösungsprozesses ohne eine angemessene Analysephase kann zu Zeitverschwendung und suboptimalen Ergebnissen führen. Bevor das Problem angegangen wird, ist es wichtig, einen Schritt zurückzutreten und es sorgfältig zu untersuchen. In diesem Kapitel werden wir uns mit den grundlegenden Prozessen der Problemanalyse befassen, einschließlich der Identifizierung von ursächlichen und beitragenden Faktoren, der Durchführung einer Grundursachenanalyse und mehr. Am Ende dieses Kapitels werden Sie über die notwendigen Fähigkeiten und Kenntnisse verfügen, um eine gründliche Problemanalyse durchzuführen und die effektivsten Lösungen zu finden.

Identifizieren Sie die ursächlichen Faktoren

Ursächliche Faktoren sind die zugrunde liegenden Probleme, die zu den Symptomen des Problems führen, das Sie zu lösen versuchen. Nehmen wir an, Sie haben ein undichtes Dach. Der ursächliche Faktor könnte die mangelnde Wartung, das Alter des Daches oder schlechte Materialqualität sein.

Die Ermittlung dieser ursächlichen Faktoren eines Problems trägt dazu bei, das erneute Auftreten des Problems zu verhindern. Denken Sie also daran, nicht nur die Symptome zu beseitigen, sondern auch die zugrunde liegenden Ursachen. Ohne die Ermittlung der ursächlichen Faktoren lösen Sie die Symptome des Problems vielleicht nur vorübergehend. Dann ist es wahrscheinlich, dass das Problem wieder auftaucht. Die Ermittlung der ursächlichen Faktoren hingegen ermöglicht die Entwicklung wirksamer Lösungen, die ein erneutes Auftreten des Problems verhindern.

Zur Ermittlung der ursächlichen Faktoren können verschiedene Methoden angewandt werden, darunter *Brainstorming, Grundursachenanalyse* und die *5-Why-Methode*. Beim Brainstorming werden mehrere mögliche Ursachen für das Problem ermittelt. Bei der Grundursachenanalyse wird die zugrunde liegende Ursache durch die Analyse der Faktoren, die zu dem Problem beitragen, ermittelt. Bei der 5-Why-Methode schließlich werden fünf *„Warum"*-Fragen gestellt, um die eigentliche Ursache des Problems zu ermitteln.

Darüber hinaus müssen bei der Ermittlung der ursächlichen Faktoren mehrere Aspekte berücksichtigt werden. Dazu gehören der *Zeitrahmen des Problems, die Verfügbarkeit und Qualität der Daten, die Komplexität des Systems* sowie *Verzerrungen* und *Annahmen*. Der zeitliche Rahmen des Problems trägt dazu bei, festzustellen, ob es sich um ein andauerndes Problem oder ein einmaliges Ereignis handelt. Datenverfügbarkeit und -qualität wirken sich auf die Genauigkeit der Analyse aus. Bei der Systemkomplexität wird berücksichtigt, wie verschiedene Faktoren zusammenwirken und zu dem Problem beitragen. Abschließend müssen Verzerrungen und Annahmen ermittelt und vermieden werden.

Ebenso müssen häufige Fehler bei der Ermittlung von ursächlichen Faktoren vermieden werden, um eine genaue und effektive Analyse zu gewährleisten. So können beispielsweise voreilige Schlussfolgerungen, ohne alle möglichen Ursachen zu berücksichtigen, zu ungenauen Ergebnissen führen. Auch die Nichtberücksichtigung aller möglichen Ursachen selbst kann die Analyse beeinträchtigen und zu einem unvollständigen Verständnis des

Problems führen. Wenn man sich zudem auf Annahmen oder unvollständige Daten verlässt, kann dies zu verzerrten Ergebnissen führen, die die zugrunde liegenden Probleme nicht berücksichtigen. Die Nichtbeteiligung wichtiger Interessengruppen an der Analyse kann schlussendlich zu Lösungen führen, die in der Praxis nicht funktionieren.

Mit diesen Überlegungen im Hinterkopf sind Sie auf dem besten Weg, die Problemlösung zu meistern.

Identifizieren Sie die beitragenden Faktoren

Um die Problemanalyse zu vertiefen, müssen die zugrunde liegenden Faktoren aufgedeckt werden, die das Problem auslösen oder aufrechterhalten. Diese Faktoren können aus internen und externen Quellen stammen und umfassen oft eine Kombination aus verschiedenen Elementen. Die Ermittlung dieser Faktoren ist von entscheidender Bedeutung, um den Kern des Problems zu erfassen, die Grundursache zu ermitteln und maßgeschneiderte Lösungen zu erarbeiten.

Nehmen wir zum Beispiel an, ein Schüler hat in einem bestimmten Fach mit schlechten Noten zu kämpfen. Um die Faktoren zu ermitteln, die zu dieser Situation beitragen, könnte sich der Schüler einige Fragen stellen. *Fällt es ihm schwer, den Stoff zu verstehen? Hat er Schwierigkeiten mit der Art und Weise, wie die Lehrkraft die Informationen präsentiert? Kostet es ihn Mühe, sich im Unterricht zu konzentrieren? Hat er Probleme dabei, Aufgaben rechtzeitig zu erledigen?* Anhand dieser Fragen kann der Schüler die Faktoren ermitteln, die zu seinen schlechten Leistungen beitragen. Sobald er die Faktoren erkannt hat, kann er gezielte Maßnahmen ergreifen, um sie zu beseitigen und seine schulischen Leistungen zu verbessern.

Zur effektiven Ermittlung der Faktoren, die zum Problem beitragen, können verschiedene Methoden eingesetzt werden. Eine Technik ist das Brainstorming, mit dessen Hilfe eine umfassende Liste möglicher Faktoren erstellt werden kann, die zu dem Problem beitragen. Eine andere Methode ist die Verwendung eines Fischgrät-Diagramms, um die möglichen Faktoren zu visualisieren. Das Fischgrät-Diagramm hilft bei der Ermittlung der Grundursache, indem es das Problem in verschiedene Kategorien unterteilt. Auch eine Fehlermöglichkeits- und -einflussanalyse (FMEA) kann potenzielle Fehlerpunkte in einem System oder Prozess identifizieren.

In verschiedenen Bereichen lassen sich gemeinsame Faktoren finden, die zu Problemen führen, zum Beispiel:

- **Menschliches Versagen.** Selbst kleine Fehler können zu katastrophalen Ausfällen oder Unfällen führen. Als Menschen passieren uns Fehler wie Fehleinschätzungen oder Unachtsamkeiten, die in Bereichen wie dem Gesundheitswesen, der Luftfahrt oder der Herstellung erhebliche Schäden verursachen können.
- **Ausfall der Kommunikation.** Unzureichende Kommunikation zwischen verschiedenen Abteilungen oder Teammitgliedern kann zu Verzögerungen, Missverständnissen und Produktivitätsverlusten führen. Ebenso führt sie oft zu kostspieliger Nacharbeit, verpassten Terminen und falschen Ergebnissen.
- **Unzureichende Ausbildung.** Eine unzureichende Schulung der Mitarbeiter kann zu ineffizienter Arbeit oder ineffizienten Verfahren führen, was wiederum Fehler und Verzögerungen zur Folge hat. Darüber hinaus verfügen Mitarbeiter mit unzureichender Ausbildung möglicherweise nicht über die erforderlichen Fähigkeiten zur Erfüllung ihrer Aufgaben, was sich negativ auf die Produktivität auswirkt.

- **Mangel an Ressourcen.** Ein Mangel an Arbeitskräften, Material oder technologischen Ressourcen kann den Geschäftsbetrieb behindern und zu schlechten Ergebnissen führen. Eine unzureichende Finanzierung oder ein schlechtes Ressourcenmanagement setzt die Organisation möglicherweise einem größeren Risiko aus.

Abgesehen davon ist es für eine langfristige Problemlösung wichtig, die Auswirkungen dieser Faktoren zu verstehen. Indem wir diese bewerten, können wir die Ursachen des Problems angehen und nicht nur die Symptome. Es gibt zwei Haupttechniken, um die Auswirkungen der beitragenden Faktoren zu bewerten: die *Risikobewertung* und die *Auswirkungsanalyse*.

Bei der Risikobewertung geht es darum, die mit dem Problem verbundenen Risiken zu ermitteln und deren Wahrscheinlichkeit und Folgen zu analysieren. Diese Technik ist in Situationen nützlich, in denen das Problem das Potenzial hat, erhebliche Schäden oder Verluste zu verursachen. Durch die Bewertung des Risikos können wir die Durchführbarkeit verschiedener Lösungen einschätzen und diejenige auswählen, die die mit dem Problem verbundenen Risiken minimiert.

Die Auswirkungsanalyse hingegen ist eine tiefergehende Bewertungstechnik, bei der die Auswirkungen des Problems auf verschiedene Bereiche wie Menschen, Prozesse und Finanzen analysiert werden. Dieser Ansatz ist von Vorteil, wenn das Problem mehrere Bereiche betrifft und weitreichende Folgen hat. Außerdem hilft er, den Umfang des Problems und seine potenziellen Auswirkungen auf alle Aspekte der Organisation zu verstehen.

Beide Techniken sind für eine umfassende Analyse des Problems unerlässlich.

Führen Sie eine Grundursachenanalyse durch

Die Grundursachenanalyse ist eine leistungsstarke Problemlösungstechnik, die von Unternehmen eingesetzt wird, um die zugrunde liegenden Ursachen eines Problems zu ermitteln. Die Durchführung einer Grundursachenanalyse erfordert einen systematischen und gründlichen Ansatz, um das Problem zu verstehen, Informationen dazu zu sammeln und die dazu beitragenden Faktoren zu ermitteln. Ziel der Grundursachenanalyse ist, durch die Beseitigung der zugrunde liegenden Ursachen zu verhindern, dass das Problem erneut auftritt.

Die folgenden Schritte helfen bei der Durchführung einer Grundursachenanalyse:

Identifizieren Sie das Problem

Um eine erfolgreiche Grundursachenanalyse durchzuführen, muss zunächst das Problem klar definiert werden. Dazu müssen Sie das Problem verstehen und wissen, wie es sich auf die Organisation auswirkt. Sobald Sie das Problem genau verstanden haben, sammeln Sie Informationen darüber. Sammeln und analysieren Sie also Daten, um den Umfang, das Ausmaß und die Häufigkeit des Problems zu bestimmen. Bestimmen Sie schließlich die Auswirkungen des Problems, um seine finanziellen, betrieblichen oder reputationsbezogenen Folgen zu verstehen.

Identifizieren Sie mögliche Ursachen

Wenn Sie das Problem identifiziert haben, besteht der nächste Schritt darin, die möglichen Ursachen zu ermitteln. Führen Sie zunächst ein Brainstorming durch, um eine Liste aller möglichen Ursachen für das Problem zu erstellen. Denken Sie daran, beim Brainstorming auf freies Denken zu drängen und Kritik zu vermeiden, um so viele Ideen wie möglich zu generieren. Nachdem die Liste erstellt wurde, grenzen Sie die möglichen Ursachen ein, indem Sie die Wahrscheinlichkeit, die Auswirkungen und die Häufigkeit jeder möglichen Ursache berücksichtigen. In dieser Phase sollten Sie Experten oder Interessenvertreter mit Erfahrung und Wissen über das Problem einbeziehen.

Eine weitere Möglichkeit, mögliche Ursachen zu ermitteln, bietet die Datenanalyse. Die Datenanalyse im Kontext des Problems hilft, Muster, Trends und Korrelationen zu erkennen, die auf mögliche Ursachen hinweisen. Die Datenanalyse kann mit statistischen Tools oder Software durchgeführt werden, um mögliche Ausreißer, Trends und andere Indikatoren zu identifizieren, die eine eventuelle Ursache unterstützen oder widerlegen können.

Analysieren Sie die Grundursache

Nachdem Sie die möglichen Ursachen ermittelt haben, bestimmen Sie die Grundursache. Suchen Sie nach Mustern oder Gemeinsamkeiten zwischen den möglichen Ursachen, um festzustellen, welche die wahrscheinlichste Grundursache ist. Erwägen Sie den Einsatz von Tools wie:

Das Fischgrät-Diagramm

Durch die Veranschaulichung der möglichen Ursachen und Auswirkungen hilft dieses Instrument, die Grundursache von Problemen zu ermitteln. Das Diagramm ähnelt dem Skelett eines Fisches. Am Kopf des Fisches befinden sich die identifizierten Probleme. Die Gräten, die hinter dem Kopf ansetzen, stellen die Kategorien der potenziellen Ursachen dar, zum Beispiel Menschen, Prozesse, Materialien, Umwelt und Ausrüstung. Die Unterursachen stehen am Ende der einzelnen Gräten. Ein Fischgrät-Diagramm ist also ein hervorragendes Instrument zur

Untersuchung komplexer Probleme und zur Ermittlung der Beziehungen zwischen diesen.

Die 5-Why-Methode

Dies ist eine einfache, aber wirksame Technik zur Ermittlung der Grundursache eines Problems. Dabei werden fünf „Warum"-Fragen gestellt, bis die Grundursache gefunden ist. Zum Beispiel: *„Warum hat die Maschine eine Fehlfunktion?"* – „Weil sich die Leiterplatte überhitzt hat." *„Warum hat sich die Leiterplatte überhitzt?"* – „Weil das Belüftungssystem nicht richtig funktionierte." *„Warum funktionierte das Belüftungssystem nicht richtig?"* – „Weil es nicht richtig gewartet wurde." *„Warum wurde es nicht ordnungsgemäß gewartet?"* – „Weil es kein regelmäßig eingesetztes Wartungsprogramm gab." Indem Sie fünfmal nach dem Warum fragen, können Sie mögliche Ursachen aufdecken, Ursachen ausschließen und sicherstellen, dass Sie das eigentliche Problem angehen.

Die Pareto-Analyse

Konzentrieren Sie sich auf die Identifizierung von Problemen oder Ursachen auf der Grundlage ihrer Häufigkeit des Auftretens. In absteigender Reihenfolge zeigt die Pareto-Analyse beispielsweise die relative Häufigkeit verschiedener Probleme oder potenzieller Ursachen. Die Idee ist, sich auf die 20 % der Ursachen zu konzentrieren, die zu 80 % des Problems beitragen.

Die Fehlerbaumanalyse

Die Fehlerbaumanalyse ist eine visuelle Darstellung aller möglichen Ursachen und Bedingungen, die zu einem Ereignis beitragen. Der Baum steht auf dem Kopf, wobei der *„Fehler" oder „Problem"* an der Spitze steht und die Äste die möglichen Ursachen darstellen. Jedes Event, das zu dem Problem beitragen könnte, wird analysiert und quantifiziert. Danach wird eine Bewertung vorgenommen, um festzustellen, welche Faktoren das Problem mit der größten Wahrscheinlichkeit verursachen.

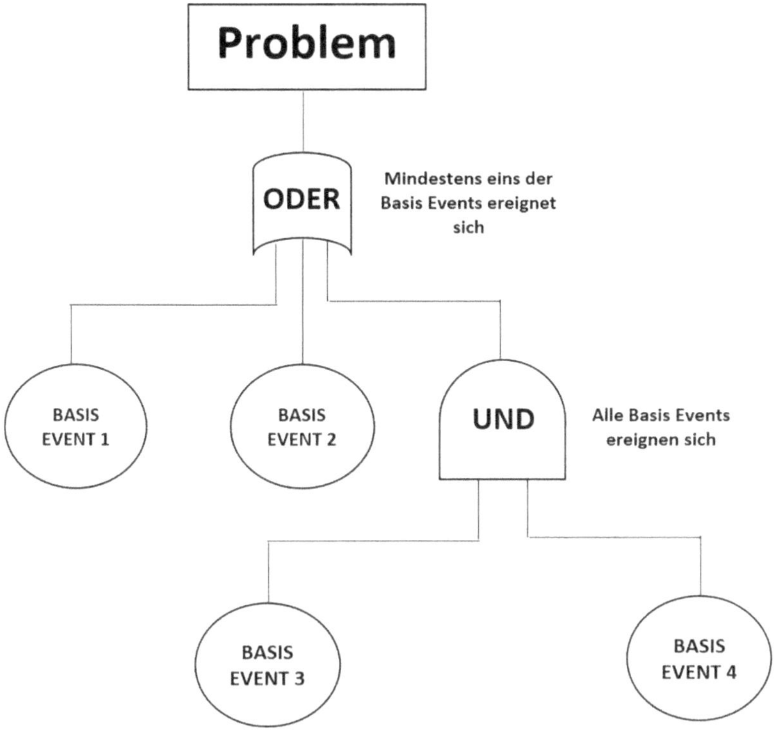

Prozess-Mapping

Das Prozess-Mapping stellt den Prozess anhand von Bildern dar, um zu verstehen, wie er funktioniert, und um verbesserungswürdige Bereiche zu ermitteln.

Eine wirksame Problemlösung erfordert eine gründliche Analysephase, in der das Problem und seine Ursachen untersucht werden. Das Überspringen dieser Phase kann zu ineffizienten Lösungen und Zeitverschwendung führen. Um ein erfolgreiches Ergebnis zu gewährleisten, ist es wichtig, die ursächlichen und mitwirkenden

Komponenten zu ermitteln und gegebenenfalls alle relevanten Parteien einzubeziehen. Eine sorgfältige Planung, kreative Lösungen und das Aufspüren der zugrunde liegenden Ursache sind für eine erfolgreiche Problemlösung unerlässlich. Um die Symptome zu lindern und den Prozess zu beschleunigen, müssen auch die beitragenden Variablen betrachtet und die gegenseitige Abhängigkeit der verschiedenen Komponenten berücksichtigt werden. Insgesamt ist ein sorgfältiger und analytischer Ansatz für eine wirksame Problemlösung entscheidend.

Kapitel 4

Informationen sammeln

D as Sammeln von Informationen ist der Grundstein für eine erfolgreiche Problemlösung und ebnet den Weg für innovative Lösungen und strategische Entscheidungen. Dazu gehört auch das Kennenlernen verschiedener Forschungsmethoden und zu berücksichtigender Faktoren.

Betreiben Sie Forschung

Forschung bedeutet, ein Thema oder Problem systematisch zu untersuchen, um neue Erkenntnisse zu gewinnen. Für Problemlösungszwecke bedeutet Forschung das Sammeln von Informationen und Daten, um ein umfassendes Verständnis der Situation zu entwickeln – einschließlich ihrer Ursachen, Auswirkungen und möglichen Lösungen. Darüber hinaus liefert Forschung eine Grundlage für die Entscheidungsfindung durch empirische Belege, die Identifizierung von Mustern und Lücken, die Klärung komplexer Fragen und die Aufdeckung von Annahmen.

Es gibt mehrere Gründe, warum die Durchführung von Forschungsarbeit für den Problemlösungsprozess entscheidend ist. Erstens hilft die Forschung, die Ursache des Problems zu ermitteln. Ohne ein tiefes Verständnis des Problems wird jeder Lösungsvorschlag nur temporär wirksam sein. Zweitens lassen sich durch Forschung mögliche Lösungen aufdecken. Die Forschung kann Beweise für die Unterstützung oder Ablehnung vorgeschlagener Lösungen liefern und so den Weg für eine fundiertere Entscheidungsfindung ebnen. Drittens liefert die Forschung den Kontext.

Sie ermöglicht es uns, zu verstehen, auf welche Weise das Problem mit größeren Themen zusammenhängt, zum Beispiel mit Branchentrends, neuen Technologien oder sozialen Dynamiken. Und schließlich trägt sie dazu bei, Risiken und Ungewissheiten zu mindern. Durch die Identifizierung potenzieller Probleme können die Entscheidungsträger Hindernisse besser vorhersehen und ihre Strategien entsprechend anpassen.

Es gibt verschiedene Arten von Forschungsmethoden, zum Beispiel:

Umfragen und Interviews

Umfragen und Interviews sind zwei Methoden, um mit einem bestimmten Ziel Daten von Personen zu erheben. Bei Umfragen handelt es sich in der Regel um schriftliche Fragebogen, die die Befragten ausfüllen. Interviews hingegen werden persönlich durchgeführt, um Einblicke in ein bestimmtes Thema oder einen bestimmten Bereich zu erhalten.

Vorteile

Der große Vorteil von Umfragen ist, dass sie leicht an eine große Gruppe von Personen verteilt werden können und quantitative Daten liefern. Umfragen können zum Beispiel online, per Post oder persönlich übermittelt werden. Außerdem ist es eine kostengünstige Methode, um eine große Menge an Daten zu sammeln.

Interviews hingegen liefern qualitative Daten. Sie geben Einblicke in die Meinungen, Gedanken und Perspektiven der Teilnehmer zu einem bestimmten Thema. So können die Forscher tiefer gehen und um Follow-ups bitten, um die Bedeutung des Gesagten besser zu verstehen.

Nachteile

Umfragen sind zwar nützlich für die Datenerfassung, doch Sie sollten bedenken, dass sie unter Umständen keine umfassenden Informationen liefern. Ebenso kann es sein, dass der Befragte nur oberflächliche Antworten gibt, ohne tiefere Einblicke zu gewähren. Überdies besteht bei Umfragen das Risiko der Verzerrung, da die Erfahrungen und Meinungen der Befragten die Antworten beeinflussen können.

Der Nachteil von Interviews ist jedoch, dass die gewonnenen Daten nur schwer zu analysieren sind. Die Antworten können ebenso subjektiv und voreingenommen sein, je nach Erfahrung, Wissen und Meinung des Interviewers.

Um die Nachteile von Umfragen und Interviews zu vermeiden, können Sie ...

- ... **offene Fragen verwenden.** Versuchen Sie, anstelle von geschlossenen Fragen offene Fragen zu stellen, die den Befragten ermöglichen, detaillierte und durchdachte Antworten zu geben. Dieser Ansatz ermutigt die Befragten, umfassendere Informationen zur Verfügung zu stellen, und es ist weniger wahrscheinlich, dass die erhobenen Daten oberflächlich sind.
- ... **Anonymität anbieten.** Anonymität bei Umfragen kann dazu beitragen, Verzerrungen zu verringern und die Befragten zu ehrlichen und offenen Antworten zu bewegen. Bei Interviews kann dies erreicht werden, indem sie von einer neutralen Partei durchgeführt werden und eine sichere und private Umgebung zur Verfügung gestellt wird.
- ... **eine vielfältige Stichprobe kreieren.** Um Verzerrungen zu vermeiden, sollten Sie eine vielfältige Gruppe von Befragten einbeziehen, die die untersuchte Bevölkerung repräsentiert. Auf diese Weise stellen Sie sicher, dass die

erhobenen Daten repräsentativ für die gesamte Bevölkerung sind und nicht nur für eine bestimmte Gruppe.

- … **die Daten triangulieren.** Um die Genauigkeit und Gültigkeit der Daten zu gewährleisten, sollten Sie mehrere Datenerhebungsmethoden wie Umfragen, Interviews, Beobachtungen und Experimente verwenden. Dies hilft bei der Gegenprüfung der Daten und verringert die Wahrscheinlichkeit, dass Daten verfälscht werden.

Wählen Sie also eine Umfrage, um Daten von einer großen und vielfältigen Gruppe zu sammeln. Alternativ können Sie sich für ein Interview entscheiden, um detaillierte und nuancierte Informationen von einer kleineren und spezifischen Gruppe zu erhalten.

Beobachtungen, Experimente und Simulationen

Der Prozess der Datenerfassung durch visuelle, auditive oder taktile Mittel wird als **Beobachtung** bezeichnet. Mit dieser empirischen Methode werden Informationen über ein Ereignis, ein Phänomen oder ein Objekt gesammelt. Diese Methode wird häufig in der wissenschaftlichen Forschung eingesetzt, um bestimmte Merkmale eines untersuchten Objekts zu ermitteln. In der medizinischen Forschung kann die Beobachtung beispielsweise dazu beitragen, die Entwicklung des Zustands eines Patienten im Laufe der Zeit zu verfolgen, wie zum Beispiel mithilfe von MRT-Scans zur Überwachung des Fortschreitens von Hirntumoren. Außerdem ist die Beobachtung nicht invasiv, kostengünstig und kann detaillierte und genaue Informationen liefern.

Bei **Experimenten** wird eine Hypothese systematisch unter kontrollierten Bedingungen getestet. Durch die Variation bestimmter Variablen und die Beobachtung der Auswirkungen auf eine Reaktion können Experimente Beweise für Kausalität liefern. In der Wirtschaft und im Marketing werden Experimente zum Beispiel durchgeführt, um die effektivsten Marketingkanäle zu ermitteln, das Benutzererlebnis zu testen und das Design von Websites zu optimieren. Obwohl Experimente einen erheblichen Zeit- und Finanzaufwand erfordern, sind sie aufgrund der Möglichkeit, verschiedene Variablen zu kontrollieren, ein leistungsstarkes Instrument zur Prüfung von Hypothesen, zur Ermittlung von Kausalitäten und zur Bereitstellung aussagekräftiger Daten für die Entscheidungsfindung.

Simulationen zu guter Letzt sind virtuelle Modelle, die reale Szenarien in einer kontrollierten Umgebung nachbilden. Sie ermöglichen es Fachleuten, komplexe Interaktionen und Verhaltensweisen nachzubilden, die in der Praxis nur schwer oder gar nicht zu erreichen wären. Mithilfe von Simulationen können auch verschiedene Szenarien getestet, Variablen verändert und deren Auswirkungen beobachtet werden. In der Medizin werden Simulationen eingesetzt, um Lernende in realistischen Szenarien zu schulen, zum Beispiel in der Patientenversorgung, bei chirurgischen Eingriffen oder in der Narkoseführung.

Vorteile

Ein wesentlicher Vorteil der Verwendung von Beobachtungen, Experimenten und Simulationen besteht darin, dass die Techniken jeweils eine eigene Perspektive auf den untersuchten Gegenstand bieten. Beobachtungen bieten detaillierte und spezifische Informationen über das Thema. Experimente ermöglichen es Wissenschaftlern, Hypothesen zu testen und empirische Beweise zu erbringen. Simulationen helfen dem Einzelnen, die Auswirkungen seines Handelns in komplexen Situationen zu begreifen und zu verstehen. Außerdem sind diese Methoden risikoarm, kosteneffizient und können wertvolle und genaue Daten liefern, wodurch sie sich für Fachleute in verschiedenen Bereichen bestens eignen.

Nachteile

Jede der drei Methoden hat ihre Vorteile, aber auch ihre potenziellen Nachteile. So bergen beispielsweise Beobachtungen ein mäßiges Risiko der Verzerrung, da die Interpretation des Beobachters bei den aufgezeichneten Beobachtungen eine wichtige Rolle spielt. Experimente wiederum sind möglicherweise nicht vollständig zu realen Szenarien verallgemeinerbar, da sie in künstlichen Umgebungen durchgeführt werden, die sich möglicherweise nicht genau auf die reale Welt übertragen lassen. Simulationen können zwar genaue Informationen liefern, aber sie sind nur so gut wie die eingegebenen Daten, was bedeutet, dass ungenaue Daten zu schlechten Entscheidungen führen können.

Maximieren Sie die Vorteile jeder Methode, indem Sie diese einfachen Schritte befolgen, um mögliche Fallstricke zu vermeiden:

- **Um die Verzerrung der Beobachtung zu minimieren:** Verwenden Sie einen strukturierten Beobachtungsplan und lassen Sie die Ergebnisse von mehreren Beobachtern gegenprüfen.
- **Um die Verallgemeinerbarkeit von Experimenten zu erhöhen:** Versuchen Sie, reale Szenarien so weit wie möglich nachzubilden, und verwenden Sie eine repräsentative Stichprobe von Teilnehmern.
- **Um die Genauigkeit der Simulationen sicherzustellen:** Verwenden Sie hochwertige und relevante Daten und validieren Sie die Ergebnisse nach Möglichkeit anhand realer Daten.

Abgesehen davon kann die Kenntnis der potenziellen Fallstricke und Grenzen der einzelnen Instrumente deren Wirksamkeit verbessern.

Sammeln Sie Daten

Um Probleme zu lösen, fundierte Entscheidungen zu treffen und effektiv zu planen, spielt die Datenerfassung eine entscheidende Rolle. Für die Datenerfassung können verschiedene Methoden verwendet werden, zum Beispiel die Auswertung von Informationen aus Datenbanken und Aufzeichnungen, die Überwachung sozialer Medien und Online-Analysen, die Durchführung von Umfragen, die Befragung von Personen und die Beobachtung relevanter Situationen.

Daten aus Datenbanken und Aufzeichnungen sammeln und analysieren

Um Daten zu erhalten und auszuwerten, können Sie Informationen aus öffentlichen Aufzeichnungen, Unternehmensdatenbanken und anderen digitalen Archiven abrufen. Diese Art der Datenerhebung ist vorteilhaft, wenn die Erhebung von Primärdaten unmöglich ist oder wenn eine besonders große Datenmenge vorliegt. Auch bei Marktanalysen, Analysen von Verbraucherdaten, demografischen Daten und Finanzanalysen profitiert man von diesem Ansatz.

Bei der Erfassung und Analyse von Daten aus Datenbanken und Aufzeichnungen sind mehrere Phasen zu berücksichtigen. In der ersten Phase geht es darum, *geeignete Quellen zu finden,* um die für die Studie erforderlichen Daten zu sammeln. Nach dem Sammeln der Daten aus verschiedenen Quellen müssen diese *organisiert werden,* um eine einfache Auswertung zu ermöglichen. In der dritten Phase werden die *Daten bereinigt,* um Unstimmigkeiten, Duplikate oder Fehler zu beseitigen, die die Genauigkeit der Analyse beeinträchtigen könnten. In der vierten Phase werden statistische Verfahren wie *Cluster-, Regressions- und Korrelationsanalysen* eingesetzt, um die Daten auszuwerten und etwaige Muster, Trends oder Korrelationen zu erkennen.

Letztlich werden die Analyse-Ergebnisse dazu verwendet, fundierte Urteile und Entscheidungen zu treffen.

Soziale Medien und Web-Analyse überwachen

Damit Unternehmen in der modernen digitalen Welt wettbewerbsfähig bleiben, ist die Überwachung von sozialen Medien und Online-Analysen unerlässlich. Social-Media-Plattformen wie Facebook, Twitter, Instagram und LinkedIn bieten eine Fülle von Informationen über Verbraucherverhalten, Branchentrends und Markenwahrnehmung. Darüber hinaus liefern Web-Analyseplattformen wie Google Analytics Daten zu Benutzerinteraktionen, Datenverkehr und Konversionsraten. Durch die Überwachung dieser Plattformen können Unternehmen Einblicke in ihre Zielgruppen gewinnen, neue Trends erkennen und den Erfolg ihrer Marketing-Initiativen bewerten.

Um die Wirksamkeit der Online-Präsenz eines Unternehmens zu gewährleisten, sollten Sie in diesem Prozess mehrere Schritte befolgen. Erstens müssen Sie die am besten geeigneten Social-Media-Plattformen und Web-Analyse-Tools finden. Überlegen Sie zum Beispiel, ob die von Ihnen gewählte Plattform präzise Metriken für Ihre Art von Unternehmen bietet. Zweitens: Installieren Sie Tracking-Codes oder Pixel auf Ihrer Website und Ihren Social-Media-Seiten, was technische Kenntnisse erfordern kann. Der dritte Schritt besteht in der Konfiguration der Analyse-Tools, um die Nutzerinteraktion, den Datenverkehr und die Konversionsraten zu tracken. Der vierte und letzte Schritt ist die Analyse der gesammelten Daten mit statistischen Methoden. Zu diesen Methoden gehören *Kohortenanalysen, A/B-Tests oder Trichteranalysen*, um verbesserungswürdige Bereiche ermitteln und datengestützte Entscheidungen treffen zu können.

Durch die Analyse einer hohen Absprungrate kann ein Unternehmen beispielsweise Bereiche zur Verbesserung der Website ermitteln, etwa die Anpassung des Layouts, die Bereitstellung von mehr Informationen und die bessere Sichtbarkeit von Call-to-Action-Symbolen. Die Verbesserung dieser Bereiche kann die Nutzer-interaktion und die Konversionsraten erhöhen.

Die Überwachung von Web-Analysen und sozialen Medien ist für Unternehmen also unerlässlich, um genaue Daten zu sammeln, wertvolle Erkenntnisse zu gewinnen und ihre Online-Präsenz zu optimieren, um die Nutzerinteraktion und die Konversionsraten zu erhöhen.

Eine wirksame Problemlösung beruht auf der Durchführung von Forschungsarbeiten. Um eine qualitativ hochwertige Forschung zu gewährleisten, stehen verschiedene Instrumente für die Datenerhebung zur Verfügung, darunter Umfragen, Interviews, Beobachtungen, Experimente und Simulationen. Nach der Datenerhebung ist eine gründliche Analyse erforderlich, um mögliche Einschränkungen oder Verzerrungen zu berücksichtigen, die die Ergebnisse beeinflussen könnten. In Fällen, in denen eine primäre Datenerhebung nicht möglich ist oder die Daten sehr umfangreich sind, kann der Abruf von Informationen aus Datenbanken und Aufzeichnungen von Nutzen sein. Außerdem bieten soziale Medien und Online-Analysen wertvolle Einblicke in das Verbraucherverhalten, Branchentrends und die Markenwahrnehmung. So können Unternehmen ihren Marketingerfolg bewerten und verfeinern.

Strategische Planung

Drei wichtige Themen werden in dieser Säule behandelt: *Flussdiagramme und Diagramme,* die *SWOT-Analyse* und die *Six-Sigma-Methodik.* Flussdiagramme und Diagramme ermöglichen die Visualisierung von Prozessen und die Ermittlung von Verbesserungsbereichen. Die SWOT-Analyse hilft bei der Ermittlung der Stärken, Schwächen, Chancen und Gefahren eines Unternehmens. Die Six-Sigma-Methode ist ein datengestützter Ansatz zur Verbesserung von Geschäftsabläufen. Diese Themen werden Ihren Problemlösungsprozess entscheidend voranbringen.

Kapitel 5
Flussdiagramme und Diagramme

Manchmal gibt es komplexe Prozesse oder Strategien, bei denen wir uns schwertun, den Sinn zu verstehen. In solchen Fällen werden verschiedene Hilfsmittel eingesetzt, die uns helfen, die Informationen zu vereinfachen und zu verstehen. Ein solches Hilfsmittel sind Flussdiagramme und Diagramme, die einen Prozess oder eine Strategie visuell darstellen können und so das Verständnis und die Kommunikation erleichtern.

Definition und Bedeutung

Diagramme und Flussdiagramme sind in verschiedenen Branchen unverzichtbar, zum Beispiel in der Softwareentwicklung, in der Wirtschaft, im Ingenieurwesen und im Bildungswesen. Sie ermöglichen die Visualisierung komplexer Systeme, die Mustererkennung und die Datenanalyse.

Flussdiagramme sind grafische Darstellungen, die einen visuellen Überblick über einen Prozess oder ein System geben. Sie bestehen aus einer Reihe miteinander verbundener Symbole, die verschiedene Elemente des Prozesses oder Systems darstellen. **Diagramme** hingegen sind grafische Darstellungen, die zur Beschreibung verschiedener Konzepte und der Beziehungen zwischen ihnen verwendet werden.

Diese Tools bieten eine Reihe von Vorteilen. In der Tat hat sich ihr Einsatz in der Geschäftswelt in den vergangenen Jahren immer mehr durchgesetzt, da sie Zeit sparen, Ineffizienzen verringern und die Zusammenarbeit im Team verbessern können. Viele Unternehmen verwenden Flussdiagramme und Diagramme, um Prozesse darzustellen, Probleme zu beheben und Verbesserungsmöglichkeiten zu ermitteln. Auch Lehrkräfte nutzen diese Hilfsmittel, um komplexe Theorien oder Ideen darzustellen und mit ihren Schülern über sie zu diskutieren.

Die verschiedenen Arten von Flussdiagrammen und Diagrammen

Verschiedene Arten von Flussdiagrammen und Diagrammen dienen unterschiedlichen Zwecken. Einige der gängigsten Arten von Flussdiagrammen sind:

Prozess-Flussdiagramme

Ein Prozess-Flussdiagramm ist eine grafische Darstellung der Schritte und Aktivitäten, die einen Prozess oder Arbeitsablauf definieren. Es beschreibt auf detaillierte Art den Input, den Output, Entscheidungspunkte und den Ablauf von Prozessen. Ebenso dient es als Überblick über einen Prozess und erleichtert den Menschen das Verständnis der verschiedenen Komponenten dieses Prozesses.

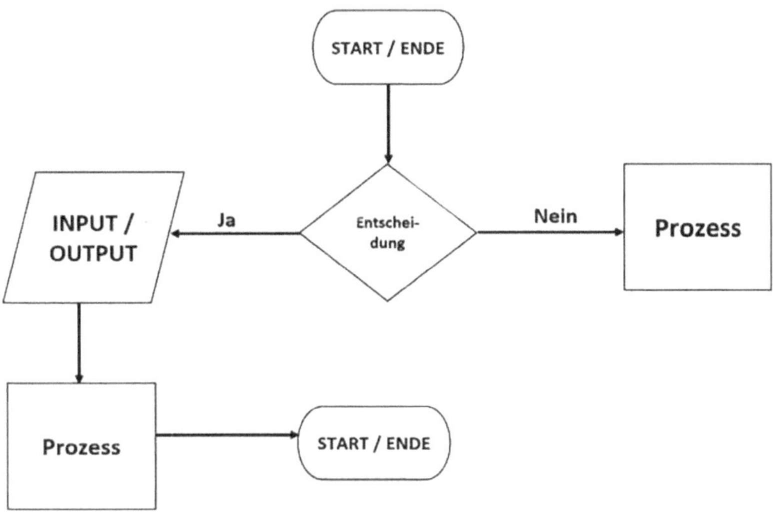

Darüber hinaus bieten Prozess-Flussdiagramme Unternehmen und Organisationen zahlreiche Vorteile, wie:

- **Ein besseres Verständnis des Prozesses.** Ein gut definiertes Prozess-Flussdiagramm hilft, zu verstehen, auf welche Weise die einzelnen Prozesse in das Gesamtbild passen.
- **Die Identifizierung von Engpässen und Prozessverbesserungen.** Anhand des Flussdiagramms können wir überprüfen, wo Verzögerungen auftreten und warum. Anhand dieser Informationen können wir mögliche Lösungen finden, um den Prozess zu verbessern und ihn effizienter und kostengünstiger zu gestalten.
- **Kommunikation und Kollaboration.** Flussdiagramme bieten eine Standardsprache für die Diskussion und Kommunikation über einen bestimmten Prozess. Auf diese Weise lassen sich Missverständnisse vermeiden und die Wahrscheinlichkeit von Fehlern oder Unklarheiten verringern.
- **Schulung und Einarbeitung.** Flussdiagramme dienen als Standardreferenz für diejenigen, die mit bestimmten Prozessen nicht vertraut sind. Auf diese Weise lernen die

Mitarbeiter schneller und arbeiten effizienter, was die Produktivität erhöht.

- **Compliance und Audit.** Flussdiagramme dienen als Nachweis dafür, dass der Prozess den Vorschriften und Normen entspricht, die für eine bestimmte Branche oder ein bestimmtes Unternehmen gelten können. Das Flussdiagramm erleichtert den Prüfern die Beurteilung dessen, ob das Unternehmen die Verfahren und Regeln für einen bestimmten Prozess einhält.

Bei der Erstellung eines Prozess-Flussdiagramms ist es wichtig, die verschiedenen Komponenten zu verstehen, aus denen das Diagramm besteht. Ein Prozess-Flussdiagramm besteht aus mehreren Komponenten, darunter:

- **Ausgangs- und Endpunkte.** Kreise drücken in der Regel den Beginn und das Ende eines Prozesses aus.
- **Entscheidungspunkte.** Entscheidungspunkte werden durch Rauten dargestellt und veranschaulichen die Optionen, die bei einem bestimmten Schritt in einem Prozess zur Verfügung stehen.
- **Prozess-Schritte.** Dies sind einfache Rechtecke, die einzelne Schritte im Prozess darstellen.
- **Flusspfeile.** Pfeile stellen den sequenziellen Ablauf des Prozesses dar und sorgen für Ordnung im Diagramm.
- **Input und Output.** Dies sind wesentliche Aspekte eines Prozess-Flussdiagramms, da sie die Daten hervorheben, die in einen Prozess einfließen und aus ihm hervorgehen.

Befolgen Sie bei der Erstellung eines Prozess-Flussdiagramms die folgenden wesentlichen Schritte, um es wirkungsvoll zu gestalten:

Bestimmen Sie den Zweck und Umfang

Klären Sie, warum Sie ein Prozess-Flussdiagramm benötigen und welchen Prozess Sie dokumentieren wollen. *Wollen Sie Engpässe erkennen, Aufgaben vereinfachen oder neue Mitarbeiter schulen? Wollen Sie den gesamten Prozess abbilden oder sich auf eine bestimmte Tätigkeit konzentrieren?* Anhand von Zweck und Umfang können Sie entscheiden, welche Informationen in das Flussdiagramm aufgenommen werden sollen.

Identifizieren Sie den Prozess

Sobald Sie den Zweck und den Umfang definiert haben, bestimmen Sie den Prozess, den Sie dokumentieren wollen. *Was ist der Ausgangspunkt? Was sind die Inputs und Outputs? Wer sind die verantwortlichen Parteien? Was sind die möglichen Ergebnisse?* Führen Sie ein Brainstorming mit Ihrem Team oder Ihren Fachleuten durch, um sicherzustellen, dass Sie alle wesentlichen Aspekte des Prozesses einbeziehen.

Sammeln und organisieren Sie Informationen

Sammeln Sie alle Informationen, die Sie für die Erstellung des Flussdiagramms benötigen. Prüfen Sie entweder die vorhandene Dokumentation, befragen Sie die Beteiligten, beobachten Sie den Prozess oder verwenden Sie andere Techniken zur Datenerfassung. Ordnen Sie dann die Daten in eine logische Struktur ein, die die Abfolge der Schritte widerspiegelt.

Bestimmen Sie die Reihenfolge der Schritte

Sobald Ihnen die Daten zur Verfügung stehen, bestimmen Sie die Reihenfolge der Schritte im Prozess. Verwenden Sie Techniken der Prozessabbildung oder andere Methoden, um die Abläufe und Wechselwirkungen zwischen den Aktivitäten zu klären.

Entwerfen Sie das Flussdiagramm

Wenn die Reihenfolge der Schritte festgelegt ist, erstellen Sie einen Entwurf des Flussdiagramms. Verwenden Sie allgemein anerkannte Symbole, wie Kreise für Zustände, Rauten für Entscheidungen, Pfeile für die Richtung und so weiter. Entwerfen Sie dann das Flussdiagramm mit einem Software-Tool oder zeichnen Sie es von Hand.

Überprüfen und verfeinern Sie das Flussdiagramm

Überprüfen Sie das Flussdiagramm nach seiner Fertigstellung auf Richtigkeit und Vollständigkeit. Überprüfen Sie, ob es den beabsichtigten Zweck erfüllt und den erwarteten Umfang hat. Stellen Sie sicher, dass Sie eventuelle Fehler oder Unstimmigkeiten erkennen und korrigieren. Verfeinern Sie abschließend das Flussdiagramm, damit es für alle Beteiligten klar und leicht verständlich ist.

Achten Sie bei der Erstellung des Flussdiagramms außerdem auf diese häufigen Fehler:

- **Überkomplizierung des Flussdiagramms.** Vermeiden Sie es, zu viele Details hinzuzufügen, Informationen aufzunehmen, die nicht relevant sind, oder komplizierte Symbole zu verwenden. Belassen Sie das Flussdiagramm einfach und klar und konzentrieren Sie sich auf die wesentlichen Aspekte des Prozesses.
- **Mangelnde Klarheit.** Stellen Sie sicher, dass das Flussdiagramm leicht zu lesen ist, mit klaren Beschriftungen, gut definierten Formen und prägnanten Beschreibungen. Verwenden Sie Standard-Schriftarten, -Farben und -Größen, die auch aus größerer Entfernung lesbar sind. Testen Sie das Flussdiagramm mit potenziellen Benutzern, um seine Klarheit zu beurteilen.
- **Versäumnis, die Interessenvertreter einzubeziehen.** Flussdiagramme werden nicht in einem luftleeren Raum

erstellt. Beziehen Sie Fachexperten, Prozessverantwortliche und andere Beteiligte in den Erstellungsprozess ein, um sicherzustellen, dass das Flussdiagramm ihre Perspektiven und ihr Feedback widerspiegelt.

- **Unvollständige oder ungenaue Informationen.** Stellen Sie sicher, dass die zur Erstellung des Flussdiagramms verwendeten Daten korrekt, aktuell und umfassend sind. Überprüfen Sie die Daten anhand der Quellen und aktualisieren Sie das Flussdiagramm bei Bedarf.
- **Ignorieren von Überarbeitungen und Aktualisierungen.** Halten Sie Ihr Flussdiagramm auf dem neuesten Stand, überprüfen Sie es regelmäßig und überarbeiten Sie es, wenn nötig. Prozesse ändern sich mit der Zeit, und das Flussdiagramm sollte diese Änderungen widerspiegeln, um dauerhaft nützlich zu sein.

Die Erstellung eines effektiven Prozess-Flussdiagramms erfordert einen disziplinierten Ansatz und viel Liebe zum Detail. Stellen Sie daher sicher, dass Ihr Flussdiagramm Ihnen wirklich hilft, Ihre Prozesse zu verstehen, zu kommunizieren und zu verbessern. Außerdem sollten Sie die soeben genannten häufigen Fehler vermeiden, um sicherzustellen, dass Ihr Flussdiagramm präzise, klar und nützlich ist.

Swimlane-Diagramme

Bei der Darstellung von organisatorischen Prozessen und Interaktionen werden üblicherweise Swimlane-Diagramme (engl.: „Schwimmbahn"), auch funktionsübergreifende Flussdiagramme genannt, verwendet. Dieses Flussdiagramm hilft insbesondere bei der Ermittlung von Engpässen, Ineffizienzen und verbesserungswürdigen Bereichen.

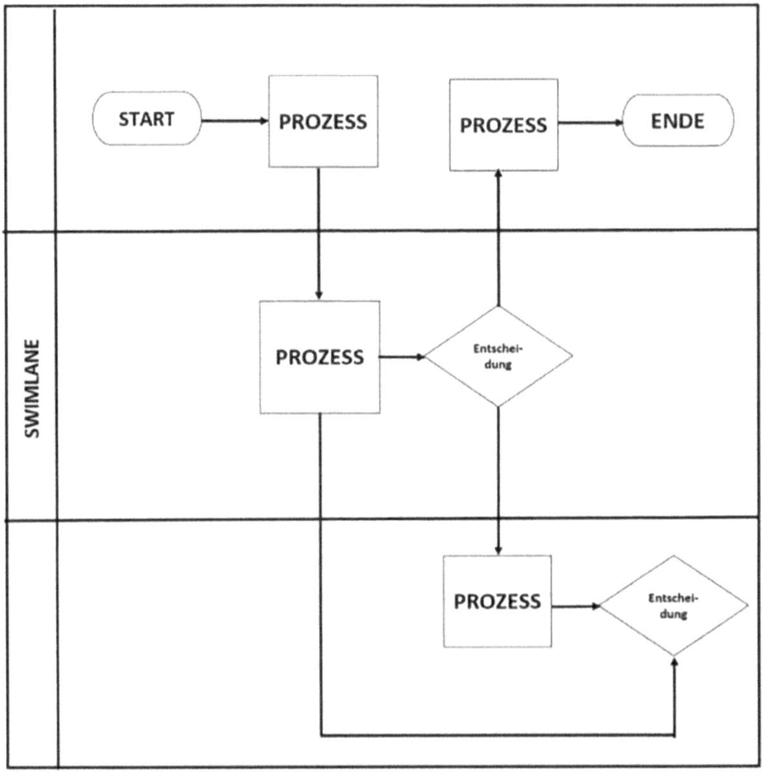

Es gibt zwei Haupttypen von Swimlane-Diagrammen: *horizontale und vertikale*. Das **horizontale Swimlane-Diagramm** stellt Prozesse dar, die von links nach rechts verlaufen. In der Regel steht jede Bahn für eine andere Abteilung oder Rolle. Im Gegensatz dazu verläuft das **vertikale Swimlane-Diagramm** von oben nach unten, wobei jede Bahn eine andere Prozessstufe darstellt.

Swimlane-Diagramme haben folgende fünf Hauptkomponenten:

1. **Swimlanes.** Die Spalten oder Zeilen im Diagramm stellen die verschiedenen Personen oder Teams dar, die an dem Pro-

zess beteiligt sind. In der Regel werden Swimlanes oben oder an der Seite mit dem Namen der beteiligten Person oder Abteilung beschriftet. Auf diese Weise helfen Swimlanes, zu klären, wer für die einzelnen Phasen des Prozesses verantwortlich ist.

2. **Prozesse.** Dies sind Schritte, die zur Erledigung der Aufgabe oder zum Erreichen des Ziels des Diagramms notwendig sind. Die Prozesse werden in Swimlane-Diagrammen in der Regel durch Rechtecke dargestellt und mit einer kurzen Tätigkeitsbeschreibung versehen.

3. **Entscheidungen.** Rauten stellen in Swimlane-Diagrammen Entscheidungen dar. Der Sinn der Einbeziehung von Entscheidungen besteht darin, die verschiedenen Optionen aufzuzeigen, die der Entscheidungsträger im Prozess hat.

4. **Anfangs- und Endpunkte.** Ovale stellen die Anfangs- und Endpunkte in Swimlane-Diagrammen dar. Die Anfangs- und Endpunkte sind wichtig, denn sie zeigen an, wo das Diagramm beginnt und wo es endet. Sie verdeutlichen auch die Grenzen des im Diagramm dargestellten Prozesses.

5. **Konnektoren.** Dies sind die Pfeile, die die verschiedenen Formen miteinander verbinden und den Fluss des Prozesses anzeigen. Konnektoren helfen zum Beispiel dabei, die Beziehung zwischen den verschiedenen Stufen, Entscheidungen, Swimlanes und Endpunkten des Diagramms darzustellen.

Um sicherzustellen, dass Ihr Swimlane-Diagramm effektiv ist, sollten Sie Folgendes beachten:

Identifizieren Sie den Prozess

Der erste Schritt bei der Erstellung eines Swimlane-Diagramms besteht darin, den Prozess zu identifizieren, den Sie visuell darstellen möchten. Sobald Sie den Prozess identifiziert haben, können Sie ihn abbilden. Die Identifizierung des Prozesses ist notwendig, weil sie die Gestaltung des Diagramms und der Swimlanes prägt.

Bestimmen Sie die Swimlanes

Sobald Sie den Prozess identifiziert haben, besteht der nächste Schritt darin, die Swimlanes zu bestimmen. Die Swimlanes stehen für die verschiedenen Abteilungen oder Rollen, die an dem Prozess beteiligt sind, und helfen bei der visuellen Gestaltung des Diagramms. Eine effektive Methode zur Bestimmung der Swimlanes bietet die Rücksprache mit den Abteilungskoordinatoren oder Mitarbeitern.

Fügen Sie Prozesse und Beschlüsse hinzu

Nachdem Sie die Swimlanes festgelegt haben, fügen Sie dem Diagramm Prozesse und Entscheidungen hinzu. Das Hinzufügen dieser Elemente zum Swimlane-Diagramm trägt zur Verdeutlichung des Prozesses bei und macht ihn verständlicher und effizienter.

Beziehen Sie die Anfangs- und Endpunkte ein

Ein Anfangspunkt markiert den Beginn des Prozesses, während der Endpunkt das Ende markiert. Die Einbeziehung dieser Punkte ist wichtig, da sie den Prozess abschließen und sicherstellen, dass jeder genau weiß, wann der Prozess endet.

Verbinden Sie die Komponenten

Der letzte Schritt bei der Erstellung des Swimlane-Diagramms besteht darin, die Komponenten zu verbinden. Verbinden Sie die Formen, die die Prozesse und Entscheidungen darstellen, mit Pfeilen. Diese Pfeile helfen, den Ablauf des Prozesses zu visualisieren. Achten Sie beim Verbinden der Komponenten darauf, dass die Pfeile in die richtige Richtung zeigen.

Darüber hinaus gibt es bei Swimlanes Herausforderungen, wie zum Beispiel:

Komplexität

Eine der Einschränkungen von Swimlane-Diagrammen ist, dass sie sehr komplex werden können, insbesondere bei Prozessen mit vielen Schritten. Um diese Problematik zu vermeiden, ist es wichtig, das Swimlane-Diagramm so einfach wie möglich zu halten. Nehmen Sie daher nur die wichtigsten Prozesse und Entscheidungen auf, um Ihr Publikum nicht zu überfordern.

Zeitaufwendigkeit

Die Erstellung von Swimlane-Diagrammen kann zeitaufwendig sein, insbesondere bei komplexen Prozessen. Eine Möglichkeit, dieses Risiko zu vermeiden, bietet der Einsatz von Software-Tools zur Automatisierung der Erstellung von Swimlane-Diagrammen. Wählen Sie daher verschiedene Software-Tools, die Ihnen Zeit und Mühe ersparen.

Begrenzter Geltungsbereich

Swimlane-Diagramme haben einen begrenzten Anwendungsbereich und sind möglicherweise für einige Prozesse nicht geeignet. So sind sie beispielsweise nicht ideal für Prozesse, die komplexe Datenflüsse und viel Input und Output umfassen. Verwenden Sie in solchen Fällen alternative Werkzeuge wie Prozess-Flussdiagramme.

Mangelnde Flexibilität

Während Swimlane-Diagramme für die Darstellung linearer Prozesse geeignet sind, können sie auf nicht lineare Prozesse einschränkend wirken. Um diese Einschränkung zu überwinden, verwenden Sie Swimlane-Diagramme zusammen mit anderen Werkzeugen, wie Flussdiagrammen oder Prozesslandkarten.

Swimlane-Diagramme sind ein leistungsfähiges Instrument zur Darstellung von Prozessen und Arbeitsabläufen in Unternehmen. Sie helfen zum Beispiel dabei, Ineffizienzen zu erkennen und Prozesse zu verbessern, indem sie die durchgeführte Arbeit klar darstellen. Swimlane-Diagramme haben jedoch auch ihre Grenzen, zum Beispiel Komplexität, Zeitaufwand, begrenzter Geltungsbereich und mangelnde Flexibilität. Wenn Sie diese Herausforderungen verstehen, können Sie sie überwinden und Swimlane-Diagramme erstellen, die effektiv und effizient sind.

Ursache-Wirkungs-Diagramme

Diagramme, wie das Ursache-Wirkungs- oder Fischgrät-Diagramm, helfen dabei, die Ursachen für ein Problem zu ermitteln. Außerdem können diese Diagramme Teams helfen, effizienter zu arbeiten, Fehler zu minimieren und Kosten zu senken. Indem Sie das Problem in seine Grundursachen aufschlüsseln, können Sie zukünftige Schwierigkeiten verhindern. Die Anwendung von Ursache-Wirkungs-Diagrammen kann Ihnen auch dabei helfen, effektiver mit Ihrem Team zu kommunizieren. Sie bieten beispielsweise einen klaren Rahmen für die Erörterung potenzieller Probleme, was zu einer effektiveren Zusammenarbeit und konstruktivem Feedback führen kann.

Ein Fischgrät-Diagramm ähnelt dem Skelett eines Fischs, wobei der Kopf das Problem darstellt. Die dahinterliegenden Gräten symbolisieren die möglichen Ursachen. Außerdem hat das Fischgrät-Diagramm in der Regel vier Hauptzweige, die helfen, die Kategorien der Hauptursachen zu identifizieren. Diese sind *Menschen, Prozesse, Ausrüstung und Materialien*. **Menschen** sind die menschlichen Ressourcen, die in die Problematik involviert sind – dies können Mitarbeiter oder Kunden sein. Die **Prozesse** umfassen alle Verfahren, die an der Situation beteiligt sind, angefangen vom Beginn des Problems bis zu seiner Lösung. Die **Ausrüstung** bezieht sich auf alle verwendeten physischen Werkzeuge, einschließlich der Technologie. Zu den **Materialien** gehören alle Elemente, die in das Problem involviert sind, einschließlich der Rohstoffe und Endprodukte.

Unter jeder der vier Hauptkategorien gibt es zusätzliche Unterzweige, die die Details der Ursache-Wirkungs-Beziehungen weiter aufschlüsseln. Nehmen wir „*Prozesse*" als Beispiel. Unter dieser Kategorie können Sie Kommunikationsprobleme, unzureichende Schulungen oder ineffiziente Arbeitsabläufe einordnen. Anschließend können Sie die Ursachen noch weiter aufschlüsseln, indem Sie unter jeder Kategorie Unterzweige erstellen. So kann beispielsweise eine unzureichende Kommunikation zu Missverständnissen führen, oder fehlende Informationen können den Fortschritt behindern.

Um ein klares und effektives Ursache-Wirkungs-Diagramm zu erstellen, gehen Sie wie folgt vor:

Identifizieren Sie das Problem

Sammeln Sie Kunden- und Mitarbeiterfeedback, oder überprüfen Sie eine Leistungskennzahl, die nicht den Erwartungen des Unternehmens entspricht. Achten Sie darauf, dass das Problem, das Sie identifizieren, spezifisch und klar ist und nicht zu breit gefächert oder vage.

Bestimmen Sie die wichtigsten Ursachenkategorien

Diese Kategorien können durch ein Brainstorming mit einem Team, durch die Analyse von Daten oder durch die Überprüfung von Geschäftsprozessen ermittelt werden. Es wird empfohlen, maximal sechs Kategorien zu verwenden, da dies zur Vereinfachung des Diagramms beiträgt und dafür sorgt, dass es übersichtlich bleibt.

Führen Sie ein Brainstorming durch und listen Sie mögliche Ursachen auf

Beziehen Sie das Team in den Brainstorming-Prozess ein, denn unterschiedliche Perspektiven können helfen, einzigartige Ursachen zu identifizieren, und ein breit aufgestelltes Team kann die Kreativität anregen.

Fügen Sie Unterzweige zu jeder Kategorie hinzu

Erkunden Sie weitere mögliche Ursachen und listen Sie diese auf. Zu den Unterzweigen können Organisationskultur, Mitarbeiter, Prozesse, Richtlinien, Technologie oder externe Faktoren wie Wirtschaft oder Wettbewerb gehören.

Analysieren und bewerten Sie die Ursachen

Bestimmen Sie, wie stark sich jede Ursache auswirkt, und setzen Sie die drei Ursachen mit den größten Auswirkungen auf das Problem in eine Rangfolge. Dieser Schritt wird dazu beitragen, die Grundursache des Problems zu ermitteln und eine praktikable Lösung zu entwickeln.

Achten Sie bei der Erstellung eines Fischgrät-Diagramms auf eine klare und prägnante Sprache. Vermeiden Sie Fachbegriffe, die andere möglicherweise nicht verstehen. Vermeiden Sie außerdem voreilige Schlüsse. Es liegt zum Beispiel nahe, Vermutungen über die Ursache des Problems anzustellen, aber es ist besser, alle möglichen Ursachen aufzulisten, bevor man Schlussfolgerungen zieht. Außerdem sollten Sie mehrere Perspektiven berücksichtigen. Diskutieren Sie das Problem mit Kollegen oder externen Fachleuten, die andere Standpunkte vertreten. Aktualisieren und überarbeiten Sie das Diagramm schließlich nach Bedarf. Es kann vorkommen, dass Sie nach der Durchführung einer weiteren Analyse eine fehlende Ursache finden, die hinzugefügt werden muss. Achten Sie darauf, das Diagramm zu aktualisieren, damit es die neuesten Informationen widerspiegelt.

Die Beherrschung dieses Instruments ermöglicht es Ihnen, die Ursache eines Problems zu ermitteln. Ebenso lassen sich Bereiche identifizieren, in denen Prozesse oder Systeme geändert werden könnten, was zu einer effizienteren und produktiveren Organisation führt.

Mindmaps

Die Organisation und Strukturierung von Ideen ist ein wesentlicher Nutzen von Mindmaps. Anders als bei einem linearen und restriktiven Ansatz sind Mindmaps um eine zentrale Idee herum strukturiert und verwenden Verzweigungen, um zugehörige Informationen zu organisieren. Dieser Ansatz ermöglicht eine natürlichere und flüssigere Organisation von Informationen und vereinfacht es, Verknüpfungen und Verbindungen zwischen den Ideen zu erkennen. So können Ideen auf strukturierte Art entwickelt werden, was zu einem besseren Verständnis und Behalten führt.

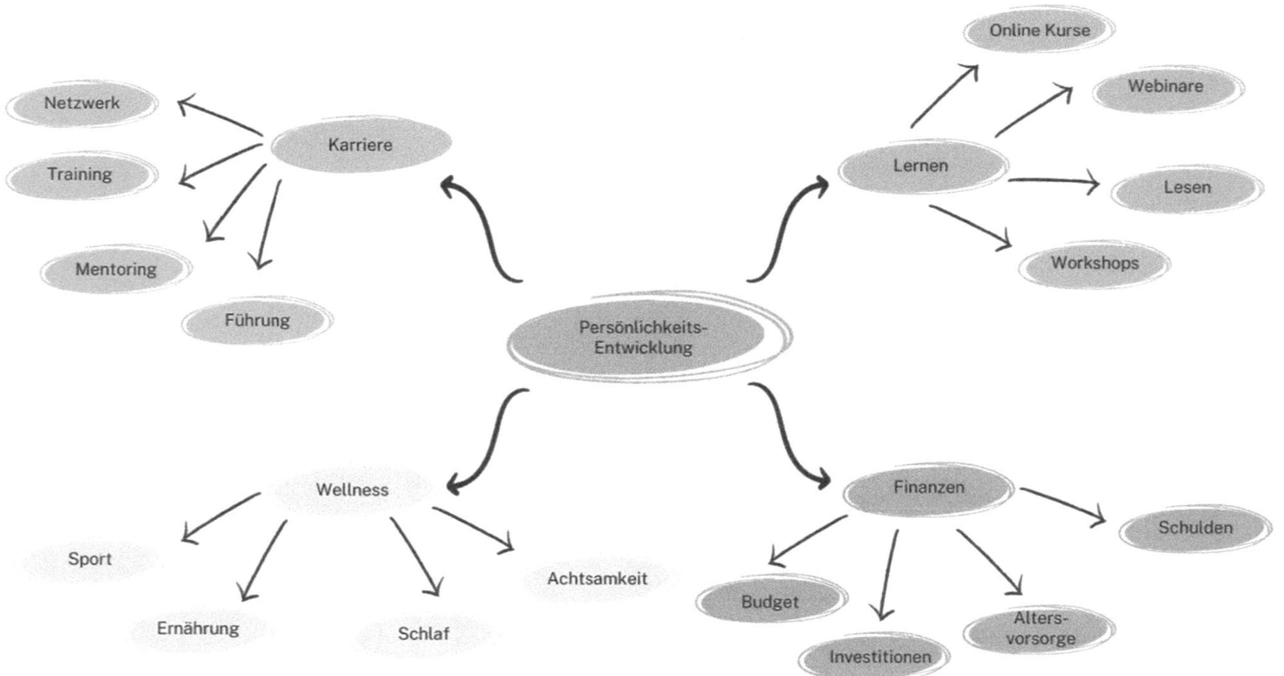

Persönlichkeits-Entwicklung
Karriere
Netzwerk
Training
Mentoring
Führung
Lernen
Online Kurse
Webinare
Lesen
Workshops
Wellness
Sport
Ernährung
Schlaf
Achtsamkeit
Finanzen
Budget
Investitionen
Alters-vorsorge
Schulden

Auch das Erinnerungsvermögen und der Abruf von Informationen werden durch Mindmaps verbessert. Die visuelle und räumliche Natur des Mindmappings hilft beim Erinnern von Informationen, da der Verstand Bilder und Farben mit wichtigen Punkten assoziiert. Tatsächlich haben Studien gezeigt, dass visuelles Lernen das Gedächtnis mehr verbessert als textbasiertes Lernen. Außerdem wird durch die Verwendung von Schlüsselwörtern und Bildern in Mindmaps sichergestellt, dass wichtige Informationen leicht zugänglich sind. Dieses Potenzial, Informationen schnell abrufen zu können, macht Mindmaps zu einem ausgezeichneten Hilfsmittel zum Lernen und für die Prüfungsvorbereitung.

Kreativität und Ideenfindung sind weitere Nutzen von Mindmaps. Die nicht lineare und assoziative Natur des Mindmappings eröffnet neue Denkwege und kann zu neuen und innovativen Ideen führen. Das Erforschen verschiedener Berührungspunkte und Verzweigungen regt die Kreativität an, was mit herkömmlichen Brainstorming-Methoden vielleicht nicht möglich wäre. Mindmaps eignen sich auch hervorragend für Kreativprofis wie Schriftsteller, Designer und Künstler, die neue Ideen entwickeln und Wege erkunden müssen.

Zudem wird das visuelle Lernen und Verstehen durch Mindmaps gefördert. Durch die Kombination von Farben, Bildern, Schlüsselwörtern und Text können beispielsweise komplexe Informationen auf eine Weise dargestellt werden, die visuell ansprechend und stimulierend ist. Außerdem kann die Visualisierung der Beziehungen zwischen Konzepten das Verständnis abstrakter und komplexer Themen erleichtern.

Die Bestandteile einer Mindmap sind also folgende:

Zentraler Gedanke oder Thema

Die zentrale Idee oder das Thema einer Mindmap ist der Hauptgedanke, den wir vermitteln wollen. Diese Idee kann der Kern der Mindmap sein und nimmt in der Regel den Platz in der Mitte ein. Ebenso ist sie der Mittelpunkt aller Zweige, Unterzweige und Schlüsselwörter, die mit ihr verbunden sind. Denken Sie daran, dass eine zentrale Idee oder ein zentrales Thema präzise formuliert werden sollte, um eine klare Aussage treffen zu können.

Äste

Äste in einer Mindmap sind die primären Kategorien oder Themen. Als solche gehen sie von der zentralen Idee aus und stellen die wichtigsten unterstützenden Punkte dar. Stellen Sie sich die Äste wie die Kapitel eines Buches vor, die das zentrale Thema unterstützen. Jeder Ast muss klar beschriftet sein, um Unklarheiten zu vermeiden. Außerdem wird empfohlen, dass jeder Ast nur ein Schlüsselwort enthält. Dies erleichtert das Verstehen, Lesen und Folgen.

Zweige

Dies sind detaillierte Erweiterungen der Äste in der Mindmap. Im Allgemeinen sollten sie unter einem bestimmten Ast platziert werden. Sie dienen dazu, die mit einem Ast verbundenen Informationen zu vertiefen und weitere Ideen für dessen Unterstützung zu liefern. Zweige können auch selbst Unterzweige haben, wodurch eine hierarchische Struktur entsteht. Achten Sie jedoch darauf, dass die Unterzweige mit dem Hauptgedanken und den jeweiligen Ästen verbunden sind.

Schlüsselwörter

Schlüsselwörter sind oft die wichtigste Komponente einer Mindmap, da sie zum schnellen Verständnis beitragen. Diese Wörter und Sätze fassen die Hauptpunkte, Unterpunkte und Themen der Mindmap zusammen. Außerdem vermitteln sie auf kurze und bündige Weise eine Menge Informationen und helfen dabei, sich schnell zu erinnern. Bei der Auswahl der Schlüsselwörter ist es wichtig, sich kurzzufassen. Im Allgemeinen wird empfohlen, nicht mehr als sechs Schlüsselwörter pro Ast zu verwenden, wobei jedes aus einem einzigen Wort bestehen sollte.

Bilder

Das Hinzufügen von Bildern zu einer Mindmap kann sie ansprechender machen und das Behalten der Informationen erleichtern. Achten Sie bei der Auswahl der Bilder darauf, dass sie für die zentrale Idee und die jeweiligen Äste relevant sind. Bilder sollten überdies die Informationen ergänzen und nicht ablenken oder dominieren.

Beachten Sie bei der Erstellung einer Mindmap die folgenden Schritte:

1. **Wählen Sie einen Leitgedanken oder ein Thema.** Dieser sollte in der Mitte der Seite stehen und in fetter oder größerer Schrift geschrieben sein. Dieser Schritt dient dazu, sich auf den Kern des Projekts konzentrieren zu können.

2. **Erstellen Sie Äste und Zweige.** Diese stehen für verschiedene Kategorien oder Unterthemen des Projekts. Wenn Ihr Hauptgedanke oder Thema beispielsweise „Marktanalyse" lautet, erstellen Sie Zweige wie „Produktanalyse", „Wettbewerbsanalyse", „Preisanalyse" usw.

3. **Fügen Sie Schlüsselwörter und Bilder hinzu.** Sobald Sie die Äste und Zweige erstellt haben, können Sie Schlüsselwörter und Bilder hinzufügen. Durch das Hinzufügen dieser Elemente können Sie die Informationen, die Sie in der Mindmap untergebracht haben, leicht wiederfinden.

4. **Verwenden Sie Farben und Symbole.** Verschiedene Farben oder Symbole können Ihnen helfen, zwischen Ästen und Zweigen zu unterscheiden und eine Hierarchie der Wichtigkeit zu erstellen. Wenn beispielsweise Blau für eine Kategorie und Rot für eine andere steht, können Sie diese in Ihrer Mindmap leicht unterscheiden.

5. **Überprüfen und überarbeiten Sie das Ergebnis.** Überprüfen Sie, ob Ihre Mindmap die Gesamtheit Ihres Projekts auf logische Weise darstellt. Ordnen Sie Ihre Mindmap neu an, wenn sie unübersichtlich aussieht oder sich die enthaltenen Informationen nicht gut ineinanderfügen. Sie können auch überprüfen, ob Sie wichtige Details oder Verbindungen übersehen haben. Jedes Mal, wenn Sie Ihre Mindmap überprüfen und überarbeiten, gewinnen Sie neue Erkenntnisse und Ideen, die Ihr Projekt bereichern und effektiver machen.

Obwohl Mindmapping ein effektives Werkzeug ist, hat es einige Einschränkungen und Überlegungen, die Sie kennen sollten. So ist Mindmapping möglicherweise nicht für diejenigen geeignet, die keine Freude an der Erstellung von Bildern haben oder lineare Gliederungen bevorzugen. Es eignet sich auch nicht für diejenigen, die nur wenig Platz oder Zeit haben. Außerdem ist Mindmapping kein Ersatz für Recherchen oder kritisches Denken, sondern ein Hilfsmittel für das Brainstorming. Es gibt jedoch Möglichkeiten, diese Einschränkungen und Überlegungen zu überwinden. So können Sie beispielsweise Listen oder Aufzählungspunkte verwenden, wenn Sie Schwierigkeiten mit visuellen Darstellungen haben. Wenn Sie nur über begrenzten Platz verfügen, können Sie auch eine digitale Mindmap über verschiedene digitale Plattformen erstellen.

Mindmapping ist also ein geniales Werkzeug für alle, die ihren Brainstorming-Prozess verbessern wollen. Ebenso sollte es zum Handwerkszeug eines jeden Fachmanns, einer Führungskraft, eines Geschäftsinhabers oder eines Akademikers gehören.

Entscheidungsbäume

Bei der Vorhersage von Ergebnissen auf der Grundlage von Variablen werden in der Regel Entscheidungsbäume verwendet. Diese Darstellung besteht aus Knoten, die die Entscheidungen darstellen, aus Zweigen, die die verschiedenen Ergebnisse veranschaulichen, und aus Blättern, die das Ergebnis wiedergeben. Entscheidungsbäume sind auch in der Datenanalyse beliebt, insbesondere beim maschinellen Lernen.

Außerdem werden Entscheidungsbäume durch rekursive Aufteilung der Daten auf der Grundlage der Variablen erstellt, die die beste Trennung zwischen den Ergebnissen bewirken. Ziel ist, ein Modell zu erstellen, das die Ergebnisse auf der Grundlage neuer Input-Daten genau vorhersagen kann. Durch die Aufteilung der Daten in verschiedene Zweige, die auf den Variablen basieren, stellt der Entscheidungsbaum Regeln auf, die zur Erstellung von Vorhersagen verwendet werden können.

Es gibt eine Vielzahl von Anwendungsmöglichkeiten für Entscheidungsbäume, darunter:

- **Kreditrisiko-Analyse.** Auf der Grundlage von Finanzdaten des Kunden sagen Entscheidungsbäume die Wahrscheinlichkeit eines Zahlungsausfalls oder einer Nichtzahlung von Krediten voraus.

- **Medizinische Diagnose.** Entscheidungsbäume werden in der medizinischen Diagnose verwendet, um die Wahrscheinlichkeit einer Krankheit auf der Grundlage verschiedener Patientenparameter vorherzusagen.
- **Kundensegmentierung.** Entscheidungsbäume segmentieren Kunden auf der Grundlage ihres Kaufverhaltens, ihrer Vorlieben und demografischen Daten.
- **Betrugsaufdeckung.** Entscheidungsbäume werden verwendet, um betrügerische Aktivitäten auf der Grundlage von Transaktionsmustern und anderen Variablen zu erkennen.

Abgesehen von ihrer Vielseitigkeit in verschiedenen Anwendungsgebieten bieten Entscheidungsbäume mehrere Vorteile gegenüber anderen Algorithmen des maschinellen Lernens. Erstens sind Entscheidungsbäume leicht zu verstehen und zu interpretieren. Sie bieten zum Beispiel eine klare und intuitive, visuelle Darstellung des Entscheidungsprozesses. So können auch technisch nicht versierte Akteure die Ergebnisse der Analyse leicht nachvollziehen. Zweitens können Entscheidungsbäume sowohl kategorische als auch numerische Daten verarbeiten. Zu den kategorischen Daten gehören Variablen wie das Geschlecht oder die Produktkategorie, während zu den numerischen Daten Variablen wie das Alter oder Einkommensniveau gehören.

Außerdem können Entscheidungsbäume nicht lineare Beziehungen verarbeiten. Das bedeutet, dass sie komplexe Beziehungen zwischen Variablen in den Daten erkennen können, die sonst möglicherweise nicht sofort ersichtlich wären. So kann ein Entscheidungsbaum beispielsweise feststellen, dass Kunden, die Produkt A gekauft haben und in einem bestimmten geografischen Gebiet wohnen, mit größerer Wahrscheinlichkeit auch Produkt B kaufen werden, auch wenn es keine direkte Korrelation zwischen den beiden Variablen gibt.

Es gibt verschiedene Arten von Entscheidungsbäumen, die von der Art des Problems, der Branche, dem Bereich und der Anwendung abhängen:

- **Klassifizierungsbäume.** Ein Klassifizierungsbaum wird verwendet, um eine Reihe von Variablen auf der Grundlage einer vordefinierten Reihe von Klassen oder Kategorien zu klassifizieren. Er wird in der Mustererkennung, im Data-Mining, bei Vorhersagen und anderen wichtigen Anwendungen eingesetzt.
- **Regressionsbäume.** Sie werden zur Modellierung kontinuierlicher Variablen verwendet, zum Beispiel zur Messung des Werts der abhängigen Variable auf der Grundlage einer oder mehrerer unabhängiger Variablen. Als solches werden Regressionsbäume in der Kostenanalyse, bei Preismodellen und in anderen kritischen Bereichen eingesetzt.
- **Entscheidungsbaum zum Kostenbewusstsein.** Sie zeigen die Kosten, die mit jedem möglichen Entscheidungsergebnis verbunden sind, um fundiertere Entscheidungen treffen zu können. Typischerweise werden sie in Branchen mit wirtschaftlichen Auswirkungen verwendet, zum Beispiel im Gesundheits- und Finanzwesen.
- **Entscheidungswälder.** Kombinieren Sie mehrere Entscheidungsbäume, um ein leistungsfähigeres und genaueres Modell zu erstellen.

Die Entscheidungsbäume bestehen aus den folgenden Komponenten:

- **Wurzelknoten.** Der Startpunkt des Entscheidungsbaums stellt die Ausgangsbedingung oder den Zustand des Entscheidungsproblems dar.
- **Entscheidungsknoten.** Spiegelt eine zu treffende Wahl oder Entscheidungsoperation wider. Sobald Sie einen Ent-

scheidungsknoten haben, muss es mindestens zwei mögliche Ergebnisse geben (normalerweise ja/nein oder wahr/falsch).

- **Zufallsknoten.** Bezeichnet ein Ereignis oder einen Umstand, das bzw. der möglicherweise eintreten kann und eine entsprechende Wahrscheinlichkeit aufweist.
- **Blattknoten.** Stellt das Ergebnis oder den Ausgang einer Entscheidung dar. Sobald Sie einen Blattknoten erreicht haben, ist der Entscheidungsprozess abgeschlossen. Der resultierende Wert des Blattknotens ist der endgültige Output oder das Ergebnis des Entscheidungsprozesses.

Im Folgenden finden Sie einige Schritte zur Erstellung eines Entscheidungsbaums:

Die Vorbereitung der Daten

Vor der Erstellung des Entscheidungsbaums ist es wichtig, die Daten vorzubereiten. Sie sollten sauber sein, und fehlende Werte sollten durch Imputation auf passende Weise ersetzt werden. Außerdem müssen die Daten in Trainings- und Testdatensätze aufgeteilt werden. Der Trainingsdatensatz wird für die Erstellung des Entscheidungsbaums verwendet. Mit dem Testdatensatz wird die Genauigkeit des Modells anhand von Metriken gemessen.

Algorithmen zur Baumerstellung

Es gibt verschiedene Algorithmen zur Erstellung von Entscheidungsbäumen, wie ID3, C4.5 und CART. Der **ID3-Algorithmus** wählt die Variablen mit dem größten Informationsgewinn aus, während der **C4.5-Algorithmus** die Variablen auf der Grundlage ihres Zugewinnverhältnisses auswählt. **CART** hingegen verwendet den Gini-Index. Alle diese Algorithmen haben Stärken und Schwächen, und es ist von größter Bedeutung, sie zu bewerten, um den für Ihre Bedürfnisse geeigneten Algorithmus zu finden.

Pruning

Das Pruning (engl.: Beschneiden) ist bei Entscheidungsbäumen von wesentlicher Bedeutung, da es dazu beiträgt, die Komplexität des Baums zu reduzieren und damit seine Leistung zu verbessern. Es gibt mehrere Möglichkeiten für das Pruning, zum Beispiel das Reduced Error Pruning (zu Deutsch: „reduzierter Fehler"), das Cost Complexity Pruning (zu Deutsch: „Kostenkomplexität") und das LASSO-Pruning (Least Absolute Shrinkage and Selection Operator, zu Deutsch: „kleinster absoluter Schrumpfungs- und Auswahloperator"). Beim **Reduced Error Pruning** wird der Validierungsdatensatz verwendet, um unnötige Knoten aus dem Baum zu entfernen. Im Gegensatz dazu wird beim **Cost Complexity Pruning** ein Kostenparameter zum Baum hinzugefügt, Knoten mit höheren Kosten werden gestrichen. Beim **LASSO-Pruning** wird die L1-Regularisierung verwendet, um die Anzahl der Merkmale zu reduzieren und gleichzeitig die Genauigkeit des Baums zu erhöhen.

Trotz der Effektivität von Entscheidungsbäumen haben sie auch ihre Grenzen. Dazu gehören die Tendenz zur Überanpassung der Daten, die Voreingenommenheit gegenüber Variablen mit mehreren Stufen, die Empfindlichkeit gegenüber kleinen Datenvariationen und die Schwierigkeit, kontinuierliche Variablen zu verarbeiten. Eine Überanpassung tritt auf, wenn der Baum zu komplex ist und sich eng an den Trainingsdatensatz anpasst, was zu einer schlechten Leistung bei neuen Daten führt. Um die Überanpassung zu überwinden, können wir das Pruning einsetzen. Die Voreingenommenheit gegenüber Variablen mit mehreren Stufen kann durch Begrenzung der Anzahl der Stufen, die jede Variable haben darf, gemildert werden. Der Empfindlichkeit gegenüber kleinen Datenvariationen kann durch die Verwendung von Zufallswäldern anstelle eines einzelnen Entscheidungsbaums begegnet werden. Schwierigkeiten bei der Verarbeitung kontinuierlicher Variablen zu guter Letzt können durch die Gruppierung der Daten in Kategorien oder die Verwendung von Regressionsbäumen gelöst werden.

Gantt-Diagramme

Gantt-Diagramme sind im Projektmanagement besonders hilfreich, da sie einen Überblick über das gesamte Projekt bieten. Sie ermöglichen es dem Team, Aufgaben zu organisieren und zu priorisieren und den einzelnen Projektphasen Ressourcen zuzuweisen. Das Gantt-Diagramm veranschaulicht die Reihenfolge und die Abhängigkeiten der Aufgaben, sodass alle Beteiligten wissen, wann die einzelnen Aufgaben beginnen und enden sollen. Dadurch ist es für das Team einfacher, zu kommunizieren, Ideen auszutauschen und bei Bedarf Anpassungen vorzunehmen, um sicherzustellen, dass das Projekt im Zeit- und Kostenrahmen bleibt und seine Ziele erreicht.

Gantt-Diagramme bieten viele Vorteile, unter anderem helfen sie dem Projektteam bei der Organisation und Überwachung des Projektplans. Alle Teammitglieder wissen, wer für die einzelnen Aufgaben zuständig ist und wann sie begonnen und abgeschlossen werden sollen. Da sie alle Beteiligten auf dem Laufenden halten, können Gantt-Diagramme auch dazu beitragen, Projektverzögerungen, Missverständnisse und Fehler zu vermeiden.

Ein weiterer Vorteil von Gantt-Diagrammen ist, dass das Projektteam seinen Fortschritt nachvollziehen kann. Da jede Aufgabe eine vorher festgelegte Dauer hat, ist es einfach, zu tracken, ob man mit der Aufgabe im Zeitplan liegt, da dieser jederzeit überprüfbar ist. Außerdem werden in Gantt-Diagrammen kritische Abhängigkeiten zwischen Projektaufgaben hervorgehoben, sodass die Projektmanager erkennen können, welche Aufgaben für den Projekterfolg wesentlich sind, und potenzielle Probleme beim Zeit- und Ressourcenmanagement identifizieren können.

Um ein effektives Gantt-Diagramm zu erstellen, müssen Sie die wichtigsten Komponenten kennen. Dazu gehören:

- **Die horizontale und die vertikale Achse.** Die horizontale Achse stellt die Zeitachse dar, während die vertikale Achse die Aufgaben, Aktivitäten oder Phasen eines Projekts zeigt.
- **Aufgabenbalken.** Diese werden im Diagramm durch horizontale Balken dargestellt, die das Start- und Enddatum jeder Aufgabe anzeigen.
- **Etappenziele und Markierungen.** Diese kennzeichnen wichtige Ereignisse, wie Projektmeilensteine oder den Abschluss bestimmter Aufgaben.
- **Abhängigkeiten und Beziehungen.** Diese zeigen die Beziehung zwischen den Aufgaben und die Reihenfolge, in der sie erledigt werden müssen.

Nachdem Sie die Bestandteile eines Gantt-Diagramms kennengelernt haben, können Sie mit der Erstellung eines solchen beginnen. Hier sind die dazu nötigen Schritte:

1. **Identifizieren und listen Sie alle Projektaufgaben auf.** Erstellen Sie eine vollständige Liste aller Aufgaben, die durchgeführt werden müssen, um das Projekt abzuschließen. Teilen Sie die Aufgaben in kleinere, überschaubare Teile auf.

2. **Weisen Sie Ressourcen zu.** Definieren Sie die verantwortlichen Personen und Materialien, die für jede Aufgabe nötig sind.

3. **Schätzen Sie die Dauer ein.** Schätzen Sie für jede Aufgabe die Dauer bis zu ihrer Fertigstellung. Dies hilft bei der Festlegung der Zeitplanung, der Kosten und der Ressourcenzuweisung.

4. **Legen Sie Etappenziele und Fristen fest.** Weisen Sie wichtigen Aufgaben oder Projektphasen Standard-Deadlines und zu erreichende Etappenziele zu.

5. **Zeichnen Sie das Diagramm mit einer Software oder manuell.** Wählen Sie das Tool oder die Software Ihrer Wahl und beginnen Sie mit der Erstellung des Diagramms.

Wie jedes Instrument haben jedoch auch Gantt-Diagramme ihre Grenzen. So wird beispielsweise davon ausgegangen, dass alle Aufgaben und Aktivitäten genau geschätzt und rechtzeitig abgeschlossen werden können. Häufig treten jedoch unerwartete Ereignisse auf, die sich auf den gesamten Projektzeitplan auswirken. Um diese Schwierigkeiten zu überwinden, sollten Sie Flexibilität bewahren und eine Notfallplanung in Ihren Projektplan einbauen. Fügen Sie beispielsweise Pufferzeiten zu Ihrem Projektplan hinzu oder verwenden Sie ein PERT-Diagramm, um den Zeitrahmen des Projekts genauer abzuschätzen.

Eine weitere Einschränkung von Gantt-Diagrammen besteht in ihrer begrenzten Fähigkeit, komplexe Beziehungen zwischen Aufgaben und Aktivitäten darzustellen. Gantt-Diagramme funktionieren gut, wenn es eine klare und lineare Beziehung zwischen den Aufgaben gibt. In komplexen Projekten mit gegenseitigen Abhängigkeiten und sich überschneidenden Aktivitäten können Gantt-Diagramme jedoch verwirrend und schwer zu handhaben sein. Um diese Problematik zu überwinden, sollten Sie fortschrittlichere Projektmanagement-Tools verwenden, zum Beispiel die *Analyse des kritischen Pfades* oder *Netzdiagramme*. Mit diesen Hilfsmitteln können Sie komplexe Beziehungen und Abhängigkeiten zwischen Aufgaben und Aktivitäten genauer abbilden.

Und zu guter Letzt können Gantt-Diagramme auch zu einer möglichen Übervereinfachung und Fehlinterpretation führen. Sie mögen attraktiv und leicht zu lesen sein. Trotzdem können sie auch zu sehr vereinfachen und zu Missverständnissen des Projektplans führen. Um diese Einschränkung zu überwinden, sollten Sie Gantt-Diagramme zusammen mit anderen Projektmanagement-Tools wie dem *Projektstrukturplan* (englisch: *work breakdown structure,* abgekürzt *WBS)* oder dem *Earned Value Management (EVM)* verwenden. Diese Hilfsmittel bieten eine detailliertere und genauere Sicht auf den Projektplan, sodass Sie bessere Entscheidungen treffen und Fehlinterpretationen vermeiden können.

Bei der Auswahl eines Tools zur Erstellung und Auswertung von Flussdiagrammen müssen Sie unbedingt Ihre spezifischen Bedürfnisse und Ihr Budget berücksichtigen. Einige Tools eignen sich besser für die Erstellung einfacher Diagramme, während andere für die Verwaltung komplexer Prozesse besser geeignet sind. Durch die Verwendung von Flussdiagrammen können Sie verbesserungsbedürftige Bereiche identifizieren und Prozesse rationalisieren, um den Erfolg Ihres Unternehmens zu steigern.

Kapitel 6

SWOT-Analyse

Um in der heutigen schnelllebigen Zeit wettbewerbsfähig zu bleiben, ist ein umfassendes Verständnis unserer Stärken, Schwächen, Chancen und Gefahren erforderlich. Mithilfe der SWOT-Analyse können Unternehmen und Organisationen die internen und externen Faktoren ermitteln, die ihre Leistung beeinflussen.

Dieses Kapitel enthält Themen, die Ihnen ein Verständnis der SWOT-Analyse vermitteln sollen. So wird beispielsweise der schrittweise Prozess der Durchführung einer SWOT-Analyse vorgestellt. Ein weiterer Abschnitt dieses Kapitels befasst sich mit den Herausforderungen und notwendigen Überlegungen der SWOT-Analyse. Wenn Sie die Feinheiten der SWOT-Analyse verstehen, können Sie wertvolle Erkenntnisse gewinnen, die Ihnen helfen, wettbewerbsfähig zu bleiben und erfolgreich zu sein.

Was ist eine SWOT-Analyse?

Die SWOT-Analyse gliedert sich in vier Komponenten, die Ihnen bei der Beurteilung einer Situation helfen:

- **Stärken.** Dies bezieht sich auf die internen Faktoren, die Ihrem Unternehmen helfen können, sich auszuzeichnen und wettbewerbsfähig zu bleiben. Stärken können in vielen Formen auftreten, zum Beispiel als Fähigkeiten, als einzigartige Ressourcen oder als Vorteile gegenüber der Konkurrenz.

- **Schwächen.** Sie ergeben sich aus einem Mangel an Ressourcen oder Fähigkeiten, aus Qualitätsproblemen oder anderen Faktoren, die Sie Ihren Konkurrenten gegenüber benachteiligen. Das Ignorieren dieser internen Faktoren kann Ihrem Unternehmen schaden und dazu führen, dass es weniger wettbewerbsfähig ist.
- **Chancen.** Sie ergeben sich aus Marktveränderungen, neuen Technologien oder anderen Faktoren, die Sie zur Verbesserung Ihrer Leistung nutzen können. Diese externen Faktoren können also Ihrem Unternehmen zugutekommen und Ihnen zu Wachstum verhelfen.
- **Gefahren.** Diese können von vielen Seiten kommen, zum Beispiel von der Konkurrenz, der Marktsättigung, neuen Vorschriften oder wirtschaftlichen Veränderungen. Diese externen Faktoren können Ihrem Unternehmen schaden und es anfällig für Risiken machen.

Die SWOT-Analyse bietet verschiedene Nutzen, darunter die *Identifizierung von Verbesserungsmöglichkeiten,* die *Nutzung von Chancen* und *das Treffen fundierter Entscheidungen.*

Verbesserungsmöglichkeiten identifizieren

Durch die Durchführung einer SWOT-Analyse können Sie die verbesserungsbedürftigen Bereiche Ihrer Organisation ermitteln. Diese Schwachstellen können analysiert werden, um festzustellen, welche Änderungen erforderlich sind, um das Wachstum Ihrer Organisation zu fördern. Die Analyse könnte zum Beispiel einen Mangel an Personal, unzureichende Ressourcen oder einen Bedarf an Schulungen aufzeigen. Anhand dieser Informationen lassen sich die Bereiche ermitteln, in denen Verbesserungen erforderlich sind, was zu einer Steigerung der Effizienz, der Einnahmen und der Kundenzufriedenheit führt.

Chancen nutzen

Durch die Analyse des externen Umfelds auf potenzielle Chancen können Unternehmen Strategien entwickeln, um neue Märkte zu erschließen, ihren Kundenstamm zu erweitern und ihren Umsatz zu steigern. Nehmen wir zum Beispiel an, es gibt eine neue Technologie, die Ihnen helfen könnte, Ihre Abläufe zu rationalisieren. Das frühzeitige Erkennen dieser Möglichkeiten kann Ihrem Unternehmen einen Wettbewerbsvorteil verschaffen.

Informierte Entscheidungen treffen

Mit einem umfassenden Überblick über die Stärken, Schwächen, Chancen und Gefahren können Unternehmen sicher Entscheidungen treffen. So kann eine SWOT-Analyse beispielsweise dabei helfen, festzustellen, ob ein neues Produkt- oder Dienstleistungsangebot mit der Gesamtstrategie des Unternehmens übereinstimmt. Dadurch lässt sich herausfinden, ob das Unternehmen über die nötigen Ressourcen verfügt, um das Angebot effektiv umzusetzen, oder ob dieses einem Kundenbedürfnis entspricht. Diese Informationen können Unternehmen helfen, kostspielige Fehler bei organisatorischen Entscheidungen zu vermeiden.

Der Prozess der SWOT-Analyse

Bevor Sie mit der SWOT-Analyse beginnen, stellen Sie sicher, dass Sie die notwendigen Prozesse einhalten.

Identifizierung des Themas oder Problems

Zu Beginn der SWOT-Analyse muss das spezifische Thema oder Problem definiert werden. Dabei kann es sich um ein Produkt, eine Dienstleistung oder das gesamte Unternehmen handeln. Es muss klar und genau definiert sein, damit die Analyse zielgerichtet und relevant bleibt.

Erfassung interner und externer Daten

Sammeln Sie interne und externe Daten, um eine gründliche SWOT-Analyse durchzuführen. Interne Daten umfassen Informationen über das Thema oder das Problem, die im Einflussbereich des Unternehmens liegen. Dazu gehören zum Beispiel Finanzberichte, Verkaufsdaten, Mitarbeiter-Feedback und Bewertungen der Kundenzufriedenheit. Externe Daten hingegen liefern Informationen über den Gegenstand oder das Problem, die außerhalb des Einflussbereichs des Unternehmens liegen. Wahrscheinlich handelt es sich bei diesen Daten um Branchentrends, Konkurrenzanalysen und Marktforschung.

Identifizierung von Stärken und Schwächen

Sobald Sie alle erforderlichen Daten gesammelt haben, ermitteln Sie zunächst die Stärken. Dies sind die Bereiche, in denen das Unternehmen erfolgreich ist und einen Wettbewerbsvorteil gegenüber der Konkurrenz hat. Ein treuer Kundenstamm, ein hoher Bekanntheitsgrad der Marke, innovative Produkte oder ein gut ausgebildetes Team sind alles Beispiele für Stärken. Anhand dieser Stärken kann das Unternehmen Pläne aufstellen, um diese Vorteile zu nutzen.

Umgekehrt können einige Schwächen den Erfolg Ihrer Organisation behindern. Schwächen beziehen sich auf Bereiche, in denen es dem Unternehmen an Ressourcen mangelt oder es Schwierigkeiten hat, sich im Wettbewerb zu behaupten. Beispiele für Schwächen sind veraltete Technologien, unzureichende finanzielle Mittel oder eine niedrige Arbeitsmoral. Die Identifizierung von Schwächen kann dazu beitragen, Strategien zu entwickeln, um diese Schwächen zu beseitigen und in Stärken zu verwandeln.

Identifizierung von Chancen und Gefahren

Die Ermittlung von Chancen ist die nächste Phase der SWOT-Analyse. Dabei handelt es sich um externe Faktoren, die sich auf das Wachstum und die Rentabilität des Unternehmens auswirken. Aufkommende Technologien, neue Märkte und Veränderungen im Kundenverhalten können Chancen schaffen. Wenn sie diese Chancen identifizieren, können Unternehmen Pläne entwerfen, um diese Möglichkeiten zu nutzen und ihr Geschäft zu erweitern.

Unterdessen müssen auch potenzielle Gefahren ermittelt werden. Diese externen Elemente können das Wachstum und die Leistung des Unternehmens beeinträchtigen. Zunehmender Wettbewerb, sich ändernde Vorschriften und wirtschaftlicher Abschwung sind Beispiele für Gefahren. Wenn Sie diese Gefahren identifizieren, können Sie beispielsweise Pläne erstellen, um sich auf sie vorzubereiten und ihre Auswirkungen zu begrenzen.

Eine SWOT-Matrix erstellen

Erstellen Sie eine SWOT-Matrix, die die Analyse visuell darstellt und ein tieferes Verständnis der Beziehungen zwischen den verschiedenen Elementen ermöglicht. Die Matrix ist in der Regel in vier Quadranten unterteilt, wobei die beiden oberen Quadranten die Stärken und Schwächen und die beiden unteren Quadranten die Chancen und Gefahren enthalten. Anhand dieser Matrix können Taktiken entwickelt werden, die die aktuellen Stärken fördern, die aktuellen Schwächen angehen, die Chancen nutzen und sich auf potenzielle Gefahren vorbereiten.

Herausforderungen und Überlegungen

Die SWOT-Analyse bietet zwar wertvolle Einblicke, hat aber auch ihre Grenzen, zum Beispiel:

Begrenzte Daten und Ergebnisse

Die SWOT-Analyse wird manchmal fälschlicherweise für eine gründliche Marktforschungstechnik gehalten. Dabei handelt es sich jedoch nur um ein einfaches Konzept, das Stärken, Schwächen, Chancen und Gefahren auf der Grundlage vorhandener Informationen und Daten aufzeigt. Unternehmen können neue Chancen oder Gefahren übersehen, wenn sie sich auf Erkenntnisse aus vorhandenen Daten beschränken. Berücksichtigen Sie daher soziale, wirtschaftliche und geografische Faktoren und halten Sie die Informationen über den Markt auf dem neuesten Stand. Die Analyse anderer Unternehmen, Zulieferer und Interessengruppen, die für eine bestimmte Branche relevant sind, liefert eine breitere Perspektive und genauere Ergebnisse.

Überbetonung und Unzuverlässigkeit

Unternehmen können interne Faktoren wie Stärken überbetonen oder externe Faktoren, die sie als Bedrohung für ihr Geschäft ansehen, überbewerten, was zu einer unrealistischen oder voreingenommenen Interpretation oder Planung führt. Ungenaue Ergebnisse können zu hohen Risiken, verpassten Chancen oder unzureichenden Entscheidungen führen. Die Lösung für dieses Problem besteht darin, Teilnehmer mit unterschiedlichen Hintergründen, Interessen und Fachwissen in die Durchführung einer SWOT-Analyse einzubeziehen.

Nicht handlungsorientiert

Viele Führungskräfte nutzen die SWOT-Analyse, um eine Grundlage für ihre strategische Planung zu schaffen. Der Wert dieses Prozesses beruht jedoch auf den Folgemaßnahmen und der Umsetzung von ergebnisorientierten Strategien und Entscheidungen. Strategische Planung muss handlungsorientiert sein und einen Aktionsplan für notwendige Verbesserungen auf der Grundlage der Erkenntnisse und Ergebnisse der SWOT-Analyse enthalten. Denken Sie also daran, dass Handeln Wachstum kultiviert, während ein Mangel an Aktivität das Wachstum hemmt.

Zusammenfassend lässt sich sagen: Bleiben Sie informiert, seien Sie flexibel und konzentrieren Sie sich auf die Umsetzung von Aktionsplänen, die auf Ihr spezifisches Unternehmen zugeschnitten sind, um die Herausforderungen der SWOT-Analyse zu überwinden.

Kapitel 7
Die Six-Sigma-Methodik

Jedes Unternehmen ist bestrebt, Qualitätsprodukte und -dienstleistungen zu liefern, die zur Kundenzufriedenheit führen und zum Wachstum beitragen. Um dies zu erreichen, setzen die Unternehmen verschiedene Methoden zur Qualitätssicherung und -verbesserung ein. Eine beliebte Methode, die in großen Unternehmen weitverbreitet ist, ist der Six-Sigma-Prozess.

Six Sigma, eine datengesteuerte Methode, verwendet statistische Tools und Techniken, um Fehler zu verringern und die Prozessqualität zu verbessern. Um ein fundiertes Wissen über diese Methode zu erlangen, werden in diesem Kapitel die Kenntnisse, Variationen und Herausforderungen des Six-Sigma-Prozesses behandelt.

Was ist die Six-Sigma-Methodik?

Für die Gewählrleistung des Qualitätsmanagements identifiziert und beseitigt Six Sigma Fehler in einem Geschäftsprozess und minimiert durch seinen datengesteuerten Ansatz gleichzeitig die Variabilität. Ziel dieser Methode ist, ein Niveau von 3,4 *Fehlern pro Million Möglichkeiten (DPMO,* engl. *Defects per Million Opportunities)* zu erreichen, was einer Wahrscheinlichkeit von 99,99966 % entspricht, dass ein Produkt oder eine Dienstleistung ohne Fehler produziert wird.

Um dieses Ziel zu erreichen, folgt die Six-Sigma-Methodik einer Reihe von Konzepten und Grundsätzen, wie Kundenorientierung, Prozessorientierung, daten- und faktenbasierte Entscheidungsfindung sowie Führung und Einbeziehung der Mitarbeiter. Diese Grundsätze tragen dazu bei, dass der Schwerpunkt weiterhin auf der Erfüllung der Kundenbedürfnisse und -erwartungen liegt und dass Geschäftsentscheidungen auf Daten und Fakten beruhen.

Der Six-Sigma-Prozess (DMAIC)

Die Einbeziehung der Six-Sigma-Methodik kann Ihnen bei der Umsetzung des fünfstufigen Prozesses ‚DMAIC' helfen: *Definieren, Messen, Analysieren, Verbessern und Steuern (engl. Abkürzung für Define, Measure, Analyse, Improve, Control).* Jeder Schritt in DMAIC hat seine eigenen Ziele, zu denen folgende gehören:

Definitionsphase

In der Definitionsphase geht es darum, das Problem zu definieren, klare Zeitvorgaben zu machen und Ziele festzulegen, die sich quantifizieren und messen lassen. Diese Phase ist entscheidend, weil sie die Grundlage für alle anderen Phasen des DMAIC-Prozesses bildet. In dieser Phase legt das Projektteam den Umfang des Projekts fest, bestimmt die Beteiligten und sammelt Kundenfeedback.

Messphase

In der Messphase sammelt das Team Daten, um den aktuellen Zustand des Prozesses zu ermitteln. Außerdem werden in dieser Phase kritische Prozessparameter analysiert, die Prozessfähigkeit ermittelt und potenzielle Quellen für Variation identifiziert. Ziel der Messphase ist es also, eine Ausgangsbasis für den jeweiligen Prozess zu schaffen und die Wirksamkeit der in den nachfolgenden Phasen vorgenommenen Änderungen zu messen.

Analysephase

In der Analysephase prüft das Team die in der Messphase gesammelten Daten, um die Grundursache des Problems zu ermitteln. Es ist wichtig, die Grundursache zu ermitteln, um zu vermeiden, dass unwirksame Änderungen vorgenommen werden, die das zugrunde liegende Problem nicht lösen. Die Grundursachenanalyse hilft dabei, sich auf die wichtigsten Probleme zu konzentrieren, diese zu priorisieren sowie praktische und effektive Lösungen zu entwickeln.

Verbesserungsphase

Sobald das Projektteam die Ursache des Problems ermittelt hat, kann es zur Verbesserungsphase übergehen, in der es die vorgeschlagenen Lösungen testet und ihre Wirksamkeit überprüft. Das Team entwickelt einen Plan und eine Aufgabenliste zur Umsetzung der vorgeschlagenen Lösung und nimmt anschließend Anpassungen zur Optimierung der Lösung vor. Ziel der Verbesserungsphase ist es, Fehler zu reduzieren und die Effizienz des Prozesses zu erhöhen.

Steuerphase

In dieser Phase legt das Projektteam Richtlinien, Verfahren und Kontrollen fest, die sicherstellen, dass die Lösung und ihre Wirksamkeit langfristig tragfähig sind. Das Team entwirft einen Überwachungsmechanismus, mit dem Abweichungen im Prozess festgestellt werden können. Ebenso werden Notfallpläne entwickelt, um Abweichungen vom Standardverfahren anzugehen.

Herausforderungen und Überlegungen

Obwohl die Six-Sigma-Methodik von vielen Unternehmen übernommen wurde, müssen einige Herausforderungen und Überlegungen dabei berücksichtigt werden. Einige davon sind:

Komplexität

Die Methodik beruht auf einer umfangreichen statistischen Analyse, deren Durchführung für Unternehmen schwierig und zeitaufwendig sein kann. Außerdem erfordert sie Spezialwissen und Fachkenntnisse in der statistischen Analyse, die in einem Unternehmen möglicherweise nicht ohne Weiteres verfügbar sind. Um diese Herausforderung zu überwinden, sollten Sie Ihre Herangehensweise an Six Sigma vereinfachen, indem Sie sich auf die Kernprinzipien konzentrieren, anstatt sich in den Details zu verzetteln.

Widerstand gegen Veränderungen

Mitarbeiter können neuen Prozessen oder Methoden gegenüber Widerstand leisten, insbesondere wenn sie mit der Methodik nicht vertraut sind. Sorgen Sie daher für eine angemessene Schulung, Kommunikation und Unterstützung, damit die Mitarbeiter die Six-Sigma-Methodik annehmen und verinnerlichen können. Durch die Einbeziehung der Mitarbeiter in den Umsetzungsprozess und die Erläuterung der Vorteile von Six Sigma können Unternehmen den Widerstand gegen Veränderungen überwinden und sicherstellen, dass alle einverstanden sind.

Begrenzter Geltungsbereich

Six Sigma ist darauf ausgelegt, eine Fokussierung auf die Prozessverbesserung zu erreichen, was sowohl eine Stärke als auch eine Einschränkung sein kann. Six Sigma kann zwar bestimmte Prozesse optimieren, eignet sich aber nicht unbedingt für umfassendere

Unternehmensstrategien. Um diese Einschränkung zu überwinden, sollte Six Sigma mit anderen Lean- oder Balanced-Scorecard-Methoden kombiniert werden, um einen ganzheitlicheren Ansatz zur Verbesserung der Abläufe zu erreichen.

Überbetonung von Metriken

Die Datenanalyse ist zwar ein wesentlicher Bestandteil von Six Sigma, aber sie ist nicht der einzige Faktor, der den Erfolg bestimmt. Metriken sollten bei der Problemlösung helfen, aber sie sollten nicht der einzige Faktor sein, der die Entscheidungen bestimmt. Um diese Herausforderung zu überwinden, sollten Sie sich auf die Festlegung von Zielen und Vorgaben konzentrieren, die mit der Gesamtstrategie übereinstimmen.

Wenn Sie das richtige Gleichgewicht zwischen statistischer Analyse und praktischem Wissen finden, können Sie die Grenzen von Six Sigma überwinden und von seinem Nutzen profitieren.

Varianten

Im Laufe der Jahre haben sich verschiedene Varianten der Six-Sigma-Methode herausgebildet, die Unternehmen zur Optimierung ihrer Abläufe einsetzen können. Im Folgenden werden einige der am häufigsten verwendeten Versionen von Six Sigma vorgestellt:

- **Design for Six Sigma (DFSS):** Im Mittelpunkt von DFSS steht die Entwicklung neuer Waren oder Verfahren. Die Methodik verwendet einen strukturierten Ansatz zur Entwicklung von Produkten oder Prozessen, die den Kundenanforderungen entsprechen und äußerst zuverlässig sind. DFSS umfasst Hilfsmittel und Techniken aus dem traditionellen Six Sigma und anderen Methoden wie *Design of Experiments (DOE) und Quality Function Deployment (QFD).*

- **Lean Six Sigma.** Eine Methodik zur Prozessverbesserung, die sich auf die Verringerung von Verschwendung und die Steigerung der Effizienz konzentriert. Sie zielt beispielsweise darauf ab, Verschwendung durch einen strukturierten Problemlösungsansatz zu erkennen und zu reduzieren. Sie umfasst auch die Werkzeuge und Techniken von Six Sigma und beinhaltet gleichzeitig Lean-Prinzipien wie Wertstromanalyse, Kaizen und kontinuierliche Verbesserung. Durch die Kombination von Lean-Prinzipien mit Six Sigma können Unternehmen bedeutende Ergebnisse bei der Prozessverbesserung erzielen.

- **Six Sigma for Services.** Diese Methodik ist maßgeschneidert für dienstleistungsbasierte Prozesse. Sie konzentriert sich auf die Verbesserung der Kundenzufriedenheit, die Reduzierung von Fehlern und die Steigerung der Effizienz in dienstleistungsbasierten Prozessen. Six Sigma for Services umfasst auch Hilfsmittel und Techniken aus dem traditionellen Six Sigma und anderen Methoden wie *Customer Relationship Management (CRM) und Voice of the Customer (VOC)*.

- **Six Sigma for Software.** Eine Variante von Six Sigma für Softwareentwicklungsprozesse. Als solche konzentriert sie sich auf die Verringerung von Softwareentwicklungsfehlern und die Steigerung der Softwarequalität. Wie bei den anderen Methoden werden auch hier Hilfsmittel und Techniken aus dem traditionellen Six Sigma und anderen Methoden wie *Agile Development und Test-Driven Development (TDD)* eingesetzt.

Abschließend sei gesagt, dass **Flussdiagramme und Diagramme** visuelle Hilfsmittel sind, die ein klares Verständnis eines Prozesses oder Systems vermitteln und die Identifizierung verbesserungswürdiger Bereiche erleichtern. Die **SWOT-Analyse** ist ein strategisches Planungsverfahren, mit dem die internen Stärken und Schwächen sowie die externen Chancen und Gefahren eines Unternehmens ermittelt werden können. Die **Six-Sigma-Methode** hingegen ist ein datengesteuerter Ansatz, der sich auf die Beseitigung von Fehlern und die Verringerung der Prozessvariabilität konzentriert, um Qualität und Effizienz zu verbessern. Diese Werkzeuge und Techniken sind für die Problemlösung und Prozessverbesserung unerlässlich und bieten einen systematischen Ansatz für den Erfolg in verschiedenen Bereichen und Branchen.

Säule 3

Entscheiden

Bei der Problemlösung geht es darum, unter den möglichen Lösungen die beste Vorgehensweise zu wählen. In dieser Phase, die auch als Entscheidungsphase bezeichnet wird, müssen Sie die in den vorangegangenen Phasen erarbeiteten möglichen Lösungen bewerten und nach Prioritäten ordnen. Hier lernen Sie, wie Sie das Problem bewerten, Prioritäten setzen und sich für die am besten geeignete Lösung entscheiden, die den Anforderungen des Problems entspricht.

Durch einen sorgfältigen und methodischen Ansatz können Sie die beste Lösung zur Verbesserung Ihrer Prozesse ermitteln. Denken Sie daran, dass sorgfältige Überlegungen und Liebe zum Detail in dieser Phase unerlässlich sind und dass Sie mit dem richtigen Ansatz optimale Ergebnisse erzielen können.

Kapitel 8
Optionen identifizieren

Bei der Problemlösung und Entscheidungsfindung besteht ein wesentlicher Schritt darin, realisierbare Optionen zu ermitteln. Dieser Prozess beinhaltet die Schaffung eines Spektrums von Alternativen und die Bewertung der potenziellen Vor- und Nachteile. Je mehr Alternativen Sie haben, desto wahrscheinlicher ist es, dass Sie die optimale Lösung wählen.

In diesem Kapitel werden daher drei Techniken vorgestellt, die die Identifizierung von Optionen erleichtern können: *Brainstorming, Wahrscheinlichkeitsanalyse und Workshops zur Ideenfindung.*

Führen Sie Brainstorming-Sitzungen durch

Beim Brainstorming werden neue Ideen entwickelt und innovative Lösungen in einer Gruppe gefunden. Diese gemeinschaftlichen Sitzungen helfen Unternehmen, Bildungseinrichtungen und sogar kreativen Projekten, Ideen zu entwickeln. So werden beispielsweise das innovative Denken und das Aufgreifen unkonventioneller Ideen gefördert. Außerdem können Brainstorming-Sitzungen neue Bereiche der Kreativität erschließen und die aktive Zusammenarbeit aller Beteiligten fördern.

Voraussetzung für erfolgreiche Brainstorming-Sitzungen ist ein gesundes Umfeld, das zur Teilnahme und Zusammenarbeit anregt. Wählen Sie daher für die Sitzung einen ruhigen Ort und legen Sie Grundregeln fest, die alle Teilnehmer dazu ermutigen, gleichberechtigt zur Diskussion beizutragen. Sorgen Sie zum Beispiel dafür, dass sich die Gäste wohlfühlen und ihre Ideen ohne negative Kritik mitteilen können. Außerdem sollten die Teilnehmer ermutigt werden, auf den Vorschlägen der anderen aufzubauen, um reichhaltigere und effektivere Lösungen zu entwickeln.

Sorgen Sie auch für den richtigen Ton und die richtige Stimmung, bevor Sie mit dem Brainstorming beginnen. Sobald Sie eine einladende und integrative Atmosphäre geschaffen haben, stellen Sie der Gruppe ein bestimmtes Problem oder Ziel vor, das sie angehen soll. Um sicherzustellen, dass alle Beteiligten auf derselben Wellenlänge sind, sollten Sie den Teilnehmern ausreichend Gelegenheit geben, Fragen zu stellen und Verständnisschwierigkeiten zu klären.

Nutzen Sie verschiedene Ansätze, um die Kreativität zu maximieren und während Ihres Brainstormings eine Fülle neuer Ideen zu generieren. Lassen Sie die Teilnehmer zum Beispiel Mindmapping, freies Schreiben oder andere Techniken ausprobieren, um das Problem aus verschiedenen Blickwinkeln und Perspektiven zu betrachten. Um den Umfang der Diskussion zu erweitern, können sie auch versuchen, hypothetische Szenarien, beispielsweise *„Was-wäre-wenn"*-Szenarien zu entwickeln. Wenn Sie Ihre Herangehensweise variieren und das Problem aus verschiedenen Blickwinkeln betrachten, werden Sie mit größerer Wahrscheinlichkeit innovative und effektive Lösungen finden.

Wenn es um Brainstorming-Sitzungen geht, sollte man sich jedoch auch ihrer Grenzen bewusst sein. So kann es beim Brainstorming zu einem Mangel an Fokus oder Richtung kommen, wenn die Teilnehmer viele Ideen ohne einen klaren Plan für deren Bewertung oder Einstufung entwickeln. Ebenso sind nicht alle Ideen, die während einer Brainstorming-Sitzung entstehen, umsetzbar oder praktisch. Legen Sie klare Kriterien für die Bewertung und Priorisierung der Ideen fest, um sicherzustellen, dass Sie das Beste aus Ihrer Sitzung herausholen. Anhand dieser Kriterien können Sie die besten Ideen von den weniger praktikablen trennen und sicherstellen, dass die Ressourcen und Bemühungen auf die vielversprechendsten Wege gelenkt werden.

Wahrscheinlichkeitsanalyse

In zahlreichen Bereichen ist die Wahrscheinlichkeitsanalyse eine grundlegende Technik, um Risiken zu bewerten, fundierte Entscheidungen zu treffen und für die Zukunft zu planen. Bei diesem Ansatz werden verschiedenen möglichen Ergebnissen oder Ereignissen Wahrscheinlichkeiten zugewiesen, wobei man sich auf Daten aus der Vergangenheit oder auf die Erkenntnisse von Fachleuten stützt.

Um eine Wahrscheinlichkeitsanalyse durchzuführen, ermitteln Sie die Risikofaktoren oder potenziellen Ereignisse, die sich auf Ihr Projekt oder Ihre Organisation auswirken könnten. Als Nächstes sammeln Sie relevante Daten und Informationen, die Ihnen helfen, die Wahrscheinlichkeit dieser Ereignisse zu bewerten. Diese Daten können aus Informationen über aktuelle Trends, aus historischen Daten, professionellen Einschätzungen und anderen einschlägigen Daten bestehen.

Nachdem Sie die erforderlichen Daten gesammelt haben, analysieren Sie sie auf Muster oder Trends, um zukünftige Ereignisse vorhersagen zu können. Dieser Schritt erfordert die Berechnung von Wahrscheinlichkeiten und die Anwendung statistischer Verfahren, um die Möglichkeit bestimmter Ergebnisse bestimmen zu können. Mithilfe der Regressionsanalyse lassen sich beispielsweise Trends in historischen Daten erkennen und Vorhersagen auf der Grundlage dieser Trends treffen.

Um die Wahrscheinlichkeiten effektiv zu analysieren, ist es unerlässlich, eine gründliche Risikobewertung durchzuführen. Bei einer Risikobewertung werden die potenziellen Auswirkungen verschiedener Risiken auf Ihr Projekt oder Ihre Organisation umfassend bewertet und gleichzeitig wird die Wahrscheinlichkeit des Eintretens dieser Risiken bestimmt. Durch die Identifizierung potenzieller Gefahren und die Zuweisung von Wahrscheinlichkeiten können Sie proaktive Maßnahmen ergreifen, um diese Risiken zu mindern oder zu beseitigen. Die Unterteilung dieses Prozesses in überschaubare Segmente trägt ebenfalls dazu bei, Ihre Analyse zu rationalisieren und Ihre Risikomanagementstrategie zu optimieren.

In Bereichen, in denen Unvorhersehbarkeit und Risiken an der Tagesordnung sind, wie zum Beispiel im Finanz-, Versicherungs- oder Gesundheitswesen, kann die Wahrscheinlichkeitsanalyse ein wertvolles Instrument sein. Im Finanzbereich kann sie dabei helfen, die Wahrscheinlichkeit von marktbezogenen Ereignissen zu bewerten, wie zum Beispiel Verschiebungen bei Zinssätzen oder Aktienkursen. Investoren können diese Informationen nutzen, um sachkundige Entscheidungen darüber treffen zu können, wo sie ihr Geld anlegen.

In der Versicherungsbranche ist man inzwischen damit vertraut, auf welche Weise die Wahrscheinlichkeitsanalyse genutzt werden kann, um die Wahrscheinlichkeit bestimmter Ereignisse wie Naturkatastrophen oder Unfälle zu bewerten. Diese Daten werden dann verwendet, um die Prämien zu bestimmen, die Versicherungsnehmer auf der Grundlage der Wahrscheinlichkeit des Eintretens des versicherten Ereignisses zahlen sollten. Die Wahrscheinlichkeitsanalyse kann den Versicherungsunternehmen auch dabei helfen, potenzielle Risiken zu erkennen und neue Produkte zu entwickeln, um diese Risiken anzugehen und ihren Kunden einen besseren Versicherungsschutz zu bieten. Wenn Sie verstehen, wie die Wahrscheinlichkeitsanalyse funktioniert und welche Vorteile sie bietet, können Sie sich in der komplexen Versicherungsbranche besser zurechtfinden und Ihren Kunden effektivere Deckungsoptionen bieten.

Im Gesundheitswesen hilft die Wahrscheinlichkeitsanalyse bei der Bewertung der Wahrscheinlichkeit des Auftretens verschiedener

Krankheiten und Gesundheitszustände. Ebenso sagt sie die möglichen Ergebnisse unterschiedlicher Behandlungen voraus. Medizinische Fachkräfte nutzen diese Informationen, um fundierte Entscheidungen über die Patientenversorgung treffen und neue Behandlungen und Medikamente entwickeln zu können. Die Anwendung der Wahrscheinlichkeitsanalyse im Gesundheitswesen bedeutet, dass man ein tieferes Verständnis für die Komplexität der medizinischen Entscheidungsfindung erlangt und möglicherweise durch die Entwicklung neuer und innovativer Ansätze für die Patientenversorgung zum Fortschritt in diesem Bereich beiträgt.

Wenngleich die Wahrscheinlichkeitsanalyse vielversprechend klingt, hat sie doch auch ihre Grenzen. Eine dieser Schwierigkeiten ist zum Beispiel die Genauigkeit der verwendeten Annahmen. So können die geschätzten Wahrscheinlichkeiten falsch sein, wenn die Daten der Analyse verzerrt sind oder auf einer zu kleinen Stichprobe beruhen. Um diese Einschränkung zu vermeiden, sollten Sie daher sicherstellen, dass die in der Analyse verwendeten Daten repräsentativ und unverzerrt sind. Ebenso sollte der Stichprobenumfang groß genug sein, um zuverlässige Ergebnisse erzielen zu können. Die Durchführung von Sensitivitätsanalysen und die Suche nach zusätzlichen Datenquellen können ebenfalls dazu beitragen, diese Probleme zu reduzieren.

Als hoch entwickeltes Hilfsmittel ist die Wahrscheinlichkeitsanalyse äußerst effektiv, wenn es darum geht, potenzielle Risiken zu erkennen, ihre Auswirkungen zu verstehen und eine fundierte Entscheidungsfindung zu ermöglichen. Diese Analysetechnik ist in verschiedenen Sektoren allgegenwärtig, zum Beispiel im Finanz-, Versicherungs- und Gesundheitswesen. Trotz ihrer Herausforderungen hilft die Wahrscheinlichkeitsanalyse Unternehmen, Risiken zu managen und proaktiv Pläne für die Zukunft zu entwickeln. Finanzinstitute nutzen sie beispielsweise, um Marktrisiken zu bewerten; Mediziner wenden sie an, um potenzielle Behandlungen und Patientenergebnisse zu beurteilen, und Versicherungsunternehmen nutzen sie, um die Wahrscheinlichkeit künftiger Schadensfälle abzuschätzen. Trotz der damit verbundenen Komplexität kann das Erlernen der Anwendung der Wahrscheinlichkeitsanalyse in verschiedenen Branchen einen erheblichen Wettbewerbsvorteil darstellen.

Führen Sie Workshops zur Ideenfindung durch

Komplexe Herausforderungen erfordern oft ausgeklügelte Lösungen. Um diese Hindernisse zu überwinden und die Probleme wirksam anzugehen, müssen Sie Antworten erkennen und formulieren können. Eine praktische Möglichkeit, solche Ideen zu entwickeln, besteht in der Organisation von Ideenfindungs-Workshops. Diese Workshops eignen sich hervorragend für die Zusammenarbeit von Teams und das Brainstorming neuer Konzepte, die einen Mehrwert für das Unternehmen bieten. Um diese Workshops erfolgreich durchzuführen, sollten Sie einige Tipps beachten:

Definieren Sie das Problem

Um einen Ideenfindungs-Workshop zu beginnen, müssen Sie das Problem oder die Herausforderung identifizieren, die es zu lösen gilt. Dabei kann es sich um alles Mögliche handeln – von der Verbesserung eines Produkts über die Steigerung des Umsatzes bis hin zur Senkung der Ausgaben. Sobald das Problem identifiziert ist, kann sich das Team auf die Suche nach Lösungen konzentrieren.

Laden Sie die richtigen Teilnehmer ein

Laden Sie eine breit gefächerte Gruppe von Teilnehmern zu dem Workshop ein. Menschen mit unterschiedlichen Hintergründen, Erfahrungen und Fähigkeiten müssen darin einbezogen werden. Laden Sie vor allem diejenigen ein, die bereit sind, ihre Ideen einzubringen, und die ein Interesse an dem betreffenden Thema haben. Mehrere

Standpunkte und Gedanken in einem Workshop können zu einer reichhaltigeren und vielfältigeren Diskussion führen, die das Lernen fördert und kreative Lösungen für Probleme hervorbringt.

Legen Sie die Grundregeln fest

Bieten Sie allen die gleiche Gelegenheit, ihre Ideen einzubringen. Außerdem sollten die vorgestellten Ideen nicht bewertet werden, um ein sicheres und nicht wertendes Umfeld zu schaffen. Die Teilnehmer sollten ermutigt werden, über den Tellerrand hinauszuschauen und beim Brainstorming aufgeschlossen zu bleiben. Wenn Sie diese Grundregeln beachten, kann in Ihrem Workshop eine Atmosphäre der Zusammenarbeit und Kreativität entstehen.

Ermutigen Sie die Teilnehmer zur Ideenfindung

Die Teilnehmer sollten ermutigt werden, so viele Ideen wie möglich zu generieren, indem sie auf den Impulsen der anderen aufbauen und neue Erkenntnisse entwickeln. Geben Sie der Gruppe Anweisungen oder Übungen, die die Kreativität und das Brainstorming anregen, um die Ideenfindung zu fördern. Darüber hinaus kann es hilfreich sein, ein klares Ziel oder eine Problemstellung festzulegen, um den Ideenfindungsprozess zu fokussieren und gezieltere Einsichten zu generieren.

Verwenden Sie Visualisierungstechniken

Visualisierungstechniken können verwendet werden, um den Teilnehmern zu helfen, kreativ zu denken. Bitten Sie die Teilnehmer beispielsweise, sich vorzustellen, sie wären in einer anderen Branche tätig, und sich zu überlegen, wie sie das Problem oder die Herausforderung lösen würden. Diese Methode kann helfen, mentale Hindernisse zu beseitigen und originelle Gedanken zu fördern.

Gruppieren und priorisieren Sie Ideen

Nachdem Sie mehrere Ideen gesammelt haben, gruppieren Sie diese in Themen oder Kategorien. Die wichtigsten Bereiche, auf die Sie sich konzentrieren sollten, lassen sich so leichter bestimmen. Ordnen Sie die Ideen nach ihrer Durchführbarkeit und möglichen Auswirkung in eine Reihenfolge. Verwenden Sie dazu zum Beispiel ein System zur Abstimmung oder zur gewichteten Bewertung.

Entwickeln Sie einen Aktionsplan

Sobald die Ideen nach Prioritäten geordnet sind, entwickeln Sie einen Aktionsplan. Legen Sie für jede Idee die Zuständigkeiten und einen Zeitplan fest. Erstellen Sie einen Plan, der praktisch, realisierbar und messbar ist. Auf diese Weise wird sichergestellt, dass die während des Workshops entwickelten Ideen auch tatsächlich umgesetzt werden.

Die Identifizierung von Optionen hilft also beim Problemlösungsprozess. Zudem gibt es mehrere wirksame Techniken, die bei der Ideenfindung helfen. So können beispielsweise **Brainstorming-Sitzungen und Workshops zur Ideenfindung** zu vielfältigen und kreativen Ideen aus verschiedenen Perspektiven führen. Und schließlich kann eine **Wahrscheinlichkeitsanalyse** wertvolle Einblicke in die Durchführbarkeit und potenziellen Ergebnisse der einzelnen Optionen liefern.

Kapitel 9

Evaluieren und priorisieren Sie Lösungen

Eine wirksame Problemlösung erfordert das Ermitteln, Schaffen und Bewerten potenzieller Lösungen. Ohne einen strukturierten Ansatz zur Bewertung und Priorisierung von Lösungen kann dies jedoch eine Herausforderung sein.

In Anbetracht dessen werden in diesem Kapitel Techniken wie Entscheidungsmatrizen, Entscheidungsbäume, Bewertungskriterien, Gewichtungsschemata und Scoring untersucht. Die multikriterielle Entscheidungsanalyse für komplexe Alternativen wird ebenso diskutiert.

Entscheidungsmatrizen und Entscheidungsbäume

Eine Entscheidungsmatrix ist ein Tool, das Ihnen hilft, die Vor- und Nachteile verschiedener Optionen abzuwägen. Sie ist besonders nützlich, wenn mehrere Kriterien zu berücksichtigen sind. Um eine Entscheidungsmatrix zu erstellen, beginnen Sie damit, Ihre Optionen zu ermitteln. Listen Sie dann die für Sie entscheidenden Faktoren auf, zum Beispiel Preis, Zeit oder potenzielle Gefahren. Weisen Sie anschließend jedem Kriterium eine Gewichtung zu, die sich nach seiner Bedeutung richtet. Wenn zum Beispiel die Kosten ein wichtiger Faktor sind, können Sie ihnen mehr Gewicht geben als anderen Faktoren.

Sobald Sie die Optionen und Kriterien festgelegt haben, geben Sie jeder Option für jedes Kriterium eine Note. Verwenden Sie dazu eine numerische Skala, zum Beispiel von eins bis zehn, oder eine beschreibende Skala, zum Beispiel mit den Attributen *„ausgezeichnet"*, *„gut"*, *„mittelmäßig"* und *„schlecht"*. Multiplizieren Sie jede Punktzahl mit der Gewichtung, die dem entsprechenden Kriterium zugewiesen wurde, und addieren Sie die Ergebnisse für jede Option. Die Wahl, die Ihren Kriterien am ehesten entspricht, ist diejenige mit der höchsten Gesamtpunktzahl.

Wenn es jedoch mehrere Schritte im Entscheidungsprozess gibt, kann ein Entscheidungsbaum Ihnen helfen, diese zu visualisieren. Beginnen Sie mit der Problembeschreibung und listen Sie dann die Möglichkeiten und Anforderungen für jede Maßnahme auf. Bei der Entscheidung über Marketingstrategien wie Social Media, Newsletter oder Postwurfsendungen können beispielsweise die Kosten, die Reichweite und die Wirksamkeit berücksichtigt werden. Entscheidungsbäume helfen dabei, komplexe Entscheidungen zu organisieren und leichter zu verstehen.

Entwickeln Sie Bewertungskriterien

Um potenzielle Lösungen zu bewerten, legen Sie messbare Kriterien fest, die mit der Problemstellung übereinstimmen, indem Sie Folgendes tun:

1. Überprüfen Sie die Problembeschreibung sorgfältig, um die wichtigsten Fragen und Anliegen zu ermitteln.

2. Erstellen Sie eine Liste potenzieller Kriterien, die zur Messung der Wirksamkeit der vorgeschlagenen Lösungen herangezogen werden können.

3. Wählen Sie die relevantesten und wichtigsten Kriterien aus, die mit der Problemstellung und den allgemeinen Zielen übereinstimmen.

4. Stellen Sie sicher, dass die Kriterien spezifisch, messbar, erreichbar, relevant und termingebunden (SMART) sind, um eine effektive Messung und Bewertung zu ermöglichen.

Die Bewertungskriterien sollten sich gegenseitig ausschließen und insgesamt vollständig sein, das heißt, sie sollten sich nicht überschneiden und alle möglichen Lösungen abdecken. **Gegenseitiges Ausschließen** bedeutet, dass jedes Kriterium unabhängig von den anderen sein sollte. Daher sollte die Erfüllung eines Kriteriums keinen Einfluss auf die Bewertung der anderen Kriterien haben. Bei der **insgesamten Vollständigkeit** werden alle möglichen Optionen berücksichtigt, ohne dass eine Option übersehen oder ausgeschlossen wird. Einfacher ausgedrückt: Das gegenseitige Ausschließen gewährleistet, dass jedes Kriterium separat bewertet wird, während die insgesamte Vollständigkeit sicherstellt, dass keine Option unberücksichtigt bleibt.

Außerdem sollten die Kriterien so gewichtet werden, dass sie ihre Bedeutung für die Problemstellung widerspiegeln. Zu den Bewertungskriterien für die Umsatzsteigerung können beispielsweise der Umsatz, die Gewinnspanne oder die Kundenbindungsrate gehören. Um die Übereinstimmung mit der Problemstellung zu gewährleisten, sollten die Bewertungskriterien direkt mit dem Problem, das Sie zu lösen versuchen, in Verbindung stehen. Angenommen, die Problemstellung dreht sich um die Steigerung der Kundenzufriedenheit. Konzentrieren Sie sich in diesem Fall auf Faktoren, die die Kundenzufriedenheit beeinflussen, wie Reaktionszeit, Produktqualität und Kundenservice.

Entwickeln Sie Gewichtungsschemata

Die Gewichtung der einzelnen Bewertungskriterien hilft bei der Priorisierung von Lösungen. Ein Gewichtungsschema sollte Faktoren wie Kosten, Zeit, Risiko und Auswirkungen auf Mitarbeiter und Kunden umfassen. Einheitlichkeit ist während des gesamten Problemlösungsprozesses entscheidend, um verschiedene Lösungen genau vergleichen zu können.

Zu den verschiedenen Methoden, die Kriterien zu gewichten, gehören die *Gleichgewichtung, die subjektive Gewichtung und die analytische Gewichtung.*

- **Gleichgewichtung.** Jedem Kriterium wird bei der Bewertung potenzieller Lösungen die gleiche Bedeutung oder der gleiche Wert zugewiesen. Dieser Ansatz geht davon aus, dass jedes Kriterium bei der Bestimmung der Effektivität oder Umsetzbarkeit einer Lösung gleich wichtig ist. Durch die Gleichgewichtung wird sichergestellt, dass alle Kriterien gerecht berücksichtigt werden und kein einzelnes Kriterium den Entscheidungsprozess dominiert.
- **Subjektive Gewichtung.** Jedem Kriterium wird auf der Grundlage seiner relativen Bedeutung für den Problemlöser ein numerischer Wert oder ein Gewicht zugewiesen. Die Gewichtung erfolgt beispielsweise auf der Grundlage persönlicher Präferenzen, des Inputs von Interessengruppen oder von Expertenmeinungen. Sobald die Gewichtung feststeht, können die Kriterien nach ihrer Wichtigkeit bewertet werden.
- **Analytische Gewichtung.** Dies beschreibt den Prozess der Gewichtung von Kriterien auf der Grundlage ihrer Beziehung zu den Zielen des Problemlösungsprozesses. Dazu muss ein mathematisches Modell verwendet werden. Die-

ser Ansatz ist nützlich, wenn die Kriterien quantifizierbar und messbar sind. Bei der analytischen Gewichtung werden Methoden wie der *paarweise Vergleich, der analytische Hierarchieprozess (AHP) und gewichtete Entscheidungsmatrizen* verwendet.

- **Paarweiser Vergleich.** Eine Technik zur Bewertung der relativen Gewichtung von Faktoren. Um eine Punktzahl auf der Grundlage der relativen Bedeutung zu erhalten, wird jedes Kriterium mit jedem anderen Kriterium in einem Paar verglichen. Auf der Grundlage der Ergebnisse wird dann die Gewichtung der einzelnen Kriterien bestimmt.

Um potenzielle Lösungen zu priorisieren, entwickeln Sie Gewichtungsschemata, die jedem Kriterium Bedeutung und Wert zuweisen. Es gibt verschiedene Methoden für die Gewichtung, darunter die Gleichgewichtung, die subjektive und die analytische Gewichtung. Achten Sie anschließend auf Einheitlichkeit, um Lösungen genau vergleichen zu können.

Bewerten Sie Alternativen anhand von Kriterien

Sobald Sie Ihre Bewertungskriterien festgelegt und ihnen mithilfe eines Gewichtungsschemas Gewichtungen zugewiesen haben, bewerten Sie die Alternativen anhand dieser Kriterien. In diesem Schritt wird der Rahmen der *Multi-Criteria Decision Analysis (MCDA,* deutsch etwa *multikriterielle Entscheidungsanalyse)* verwendet, um komplexe Alternativen anhand verschiedener Kriterien bewerten zu können. MCDA hilft Problemlösern dabei, objektive Entscheidungen zu treffen, indem sie einen strukturierten Ansatz zur Bewertung von Alternativen bietet.

Die multikriterielle Entscheidungsanalyse (MCDA) für komplexe Alternativen

Im Rahmen der multikriteriellen Entscheidungsanalyse (MCDA) wird ein Problem in kleinere Komponenten aufgeteilt und jede Komponente gewichtet. Nach der Bewertung der Möglichkeiten anhand dieser Gewichtungen wird die optimale Option ausgewählt. Um die Problemlöser bei der Bewertung von Alternativen zu unterstützen, setzt man bei der MCDA sowohl qualitative als auch quantitative Methoden ein.

Eine MCDA wird häufig eingesetzt, wenn es um die Lösung komplexer Probleme geht, zum Beispiel im Bereich der Umwelt oder der öffentlichen Ordnung. Auch in der Privatwirtschaft ist sie für die strategische Problemlösung und das Projektmanagement hilfreich. Die MCDA bietet auch einen Rahmen für die Zuweisung von Gewichtungen für verschiedene Kriterien, um bestimmten Kriterien je nach ihrer Bedeutung Vorrang vor anderen geben zu können. Bei der Bewertung von Lösungen für ein Umweltproblem ermöglicht MCDA beispielsweise, Kriterien wie Nachhaltigkeit und Umweltauswirkungen stärker zu gewichten, während Kriterien wie Kosten und Zeit weniger Gewicht zugewiesen wird.

In der MCDA gibt es verschiedene Hilfsmittel zur Bewertung von Optionen, zum Beispiel Entscheidungsmatrizen, Entscheidungsbäume und Nutzwertanalysen. Entscheidungsmatrizen werden in der MCDA üblicherweise verwendet, um Optionen auf der Grundlage mehrerer Kriterien zu bewerten. Dabei werden die Kriterien oben und die Optionen an den Seiten aufgelistet. Jede Zelle in der Matrix wird mit Punkten gefüllt, die angeben, wie gut die einzelnen Optionen bei den einzelnen Kriterien abschneiden. Die Punktzahlen werden dann nach der Wichtigkeit der einzelnen Kriterien gewichtet; die Option mit der höchsten gewichteten Punktzahl wird als beste Lösung angesehen.

Entscheidungsbäume wiederum bewerten Alternativen. Diese Bäume bestehen aus einer Reihe von Entscheidungspunkten und möglichen Ergebnissen einer Entscheidung. So lassen sich die Ergebnisse jeder Wahl nachvollziehen und Entscheidungen in voller Kenntnis der Sachlage treffen. Durch die Verwendung von Entscheidungsbäumen können Problemlöser die potenziellen Folgen jeder Option besser verstehen und ihre Entscheidungen entsprechend abwägen.

Die Nutzwertanalyse ist eine der vielen Techniken, die in der MCDA eingesetzt werden. Bei dieser Methode werden jedem Kriterium und jeder Alternative auf der Grundlage ihrer Wertigkeit numerische Werte zugewiesen, die dann gewichtet werden, damit sie ihre relative Bedeutung widerspiegeln. Die Alternative mit dem höchsten Gesamtwert wird in der Folge als die optimale Lösung betrachtet. Die Anwendung dieses Ansatzes gewährleistet eine genaue Bewertung des Wertes jeder Option und bestimmt die beste Maßnahme.

Die MCDA bietet zwar mehrere Vorteile, kann aber zeit- und ressourcenaufwendig sein, vor allem bei der Bewertung komplexer Alternativen mit vielen Kriterien. Darüber hinaus hängt die Effektivität der MCDA von der Genauigkeit der Daten und Annahmen ab, die für die Bewertung der Alternativen verwendet werden und die mitunter schwer abzuschätzen sind.

Dennoch gibt es mehrere Möglichkeiten, die Herausforderungen zu überwinden, die mit der Verwendung der MCDA zur Bewertung komplexer Alternativen verbunden sind:

- **Nutzen Sie Experteneinschätzungen.** Experten aus den entsprechenden Gebieten können wertvolle Einblicke in die Genauigkeit der Daten und die Annahmen geben, die zur Bewertung der Alternativen verwendet wurden. Ihr

Beitrag kann helfen, den Entscheidungsprozess zu verfeinern und zu verbessern.

- **Führen Sie Sensitivitätsanalysen durch.** Durch Variation der in der MCDA verwendeten Input-Daten und Annahmen können Sensitivitätsanalysen dazu beitragen, die Robustheit der Ergebnisse zu bewerten und die wichtigsten Faktoren für die Entscheidung zu ermitteln.
- **Verwenden Sie Software-Tools.** Zur Unterstützung des MCDA-Prozesses stehen verschiedene Software-Tools zur Verfügung, die den Prozess rationalisieren und automatisieren können und damit den Zeit- und Ressourcenaufwand verringern.

Für die Bewertung und Priorisierung potenzieller Lösungen sind Entscheidungsmatrizen, Entscheidungsbäume und Bewertungskriterien erforderlich. **Gewichtungsschemata** helfen dabei, den Kriterien auf der Grundlage ihrer Relevanz Bedeutung zu verleihen. Darüber hinaus ist die **multikriterielle Entscheidungsanalyse (MCDA)** eine hilfreiche Technik zur Bewertung komplexer Alternativen, die mehrere Kriterien umfassen. Durch den Einsatz dieser Hilfsmittel kann man fundierte Entscheidungen treffen und die optimale Lösung für das jeweilige Problem auswählen.

Kapitel 10
Entscheidungen treffen

Zur Entscheidungsfindung gehören die Bewertung und Minderung von Risiken, die Analyse von Ungewissheiten und die Auswahl der besten Lösung. In diesem Kapitel werden verschiedene Methoden und Techniken zur Bewertung von Risiken und Unsicherheiten, zur Verfeinerung und Auswahl der besten Lösung und zur Überprüfung des Pareto-Prinzips vorgestellt.

Risiken und Ungewissheiten bewerten

Im Entscheidungsprozess ist die Bewertung von Risiken und Ungewissheiten von entscheidender Bedeutung. Um fundierte Entscheidungen treffen zu können, müssen Sie die möglichen Ergebnisse, einschließlich der Kosten und Vorteile jeder Option, verstehen. Dazu müssen alle Variablen und Umstände, die das Ergebnis beeinflussen können, untersucht werden. Anschließend werden die mit jeder Option verbundenen Risiken und Ungewissheiten erläutert.

Es gibt zwei wirksame Methoden der Risikobewertung: die *Ermittlung potenzieller Risiken* und die *Entwicklung von Strategien zu deren Bewältigung*.

Pläne zur Risikobewertung und Risikominderung

Entscheidungsträger können die Wahrscheinlichkeit und Auswirkungen schlechter Ergebnisse verringern, indem sie potenzielle Risiken ermitteln und wirksame Verfahren zur Risikominderung einführen.

Bei der Risikobewertung besteht der erste Schritt darin, **potenzielle Gefahren zu ermitteln**. Gehen Sie bei der Ermittlung gründlich vor, indem Sie interne und externe Faktoren berücksichtigen, die das Ergebnis beeinflussen können. Es gibt verschiedene Möglichkeiten, dies zu tun, zum Beispiel *Brainstorming, die Analyse früherer Erfahrungen* und die *Einholung von Expertenrat*. Nachdem Sie die potenziellen Gefahren identifiziert haben, **bewerten Sie die Wahrscheinlichkeit und Auswirkungen** der einzelnen Risiken. In diesem Schritt werden Faktoren wie die Wahrscheinlichkeit des Eintretens des Risikos, die Schwere seiner Folgen und der Zeitpunkt seines Eintretens analysiert. Wenn Sie die Risiken anhand dieser Kriterien in eine Rangfolge bringen, können Sie sich auf die Entwicklung von Strategien zur Minderung der wichtigsten Risiken konzentrieren.

Anschließend müssen **Pläne zur Risikominderung** entwickelt werden, um die Auswirkungen der ermittelten Risiken zu minimieren. Es können verschiedene Maßnahmen zur Risikominderung ergriffen werden, wie die Vermeidung des Risikos, die Übertragung des Risikos auf eine andere Partei, die Verringerung der Wahrscheinlichkeit des Risikos oder die Begrenzung des Ausmaßes des Risikos, wenn es eintritt.

Für die Schaffung von Strategien zur Risikominderung verwenden Sie eine Risikomatrix, in der Sie die Risiken auf der Grundlage ihrer Wahrscheinlichkeit und Auswirkungen darstellen. Risiken mit einer hohen Eintrittswahrscheinlichkeit und erheblichen Auswirkungen werden bei der Planung von Abhilfemaßnahmen vorrangig behandelt. Umgekehrt erhalten Risiken, deren Eintreten weniger wahrscheinlich ist und die relativ geringe Auswirkungen haben, eine niedrigere Priorität.

Alternativ dazu ist ein Risikoregister ein wirksames Instrument für die Planung der Risikominderung. In diesem Dokument wird jedes ermittelte Risiko mit seiner Wahrscheinlichkeit, seinen Auswirkungen und den Abhilfemaßnahmen beschrieben, die zu seiner Bewältigung eingesetzt werden sollen. Anhand des Risikoregisters lassen sich auch die Fortschritte bei der Einführung von Risikominderungsmethoden und die langfristige Wirksamkeit verfolgen.

Daher sollten Risikobewertung und -minderungstaktiken als kontinuierliche Verfahren berücksichtigt werden. Neue Gefahren sollten in das Risikoregister aufgenommen werden, sobald sie entstehen, und die Maßnahmen zur Risikominderung sollten entsprechend aktualisiert werden. Regelmäßige Risikobewertungen und -minderungen können dabei helfen, fundierte Entscheidungen zu treffen und das Potenzial und die Auswirkungen ungünstiger Ergebnisse zu minimieren.

Die Szenarioanalyse

Die Erstellung mehrerer Szenarien, die verschiedene Ergebnisse simulieren, hilft bei der Bewertung der Auswirkungen der einzelnen Risiken. Um eine Szenarioanalyse durchzuführen, müssen Sie **die wichtigsten Faktoren ermitteln,** die das Ergebnis Ihrer Entscheidung beeinflussen könnten. Dabei kann es sich beispielsweise um Faktoren wie veränderte Verbraucherpräferenzen, veränderte Marktbedingungen oder geänderte gesetzliche Anforderungen handeln. Sobald diese Schlüsselfaktoren identifiziert sind, **erstellen Sie Szenarien,** die verschiedene Ergebnisse auf der Grundlage von Änderungen dieser Faktoren präsentieren.

Stellen Sie sich eine hypothetische Situation vor, in der ein Unternehmen die Einführung eines neuen Produkts in Erwägung zieht. Um den potenziellen Erfolg der Produkteinführung zu beurteilen, müssen die Entscheidungsträger zunächst die wichtigsten Faktoren ermitteln, die das Ergebnis beeinflussen könnten. Zu diesen Einflussfaktoren könnten Kundenpräferenzen, Preisstrategien und Wettbewerbsveränderungen gehören. Sobald diese Einflussfaktoren identifiziert sind, können die Entscheidungsträger eine Reihe von Szenarien erstellen, die verschiedene mögliche Ergebnisse darstellen. Diese Szenarien könnten ein *Best-Case-Szenario,* ein *Worst-Case-Szenario* und ein *wahrscheinlichstes Szenario* auf der Grundlage der identifizierten Faktoren umfassen.

Im **Best-Case-Szenario** ist die Nachfrage nach dem Produkt hoch, der Preis wettbewerbsfähig und der Wettbewerb auf dem Markt minimal. Im **Worst-Case-Szenario** ist das Produkt überteuert, die Nachfrage gering und es herrscht ein intensiver Wettbewerb auf dem Markt. Für das **wahrscheinlichste Szenario** erwartet das Unternehmen, dass das Produkt eine mäßige Nachfrage hat, einen wettbewerbsfähigen Preis und einen gewissen Wettbewerb auf dem Markt.

Nach der Erstellung der Szenarien können die Entscheidungsträger die **möglichen Auswirkungen der einzelnen Szenarien auf die Entscheidung bewerten**. Sie können die finanziellen Auswirkungen bewerten, zum Beispiel potenzielle Einnahmen und Gewinnspannen. Ebenso ist es einfacher, die betrieblichen Auswirkungen zu ermitteln, zum Beispiel Änderungen der Produktionsprozesse und des Personalbedarfs.

Durch die Bewertung dieser Szenarien können die Entscheidungsträger potenzielle Hindernisse erkennen und Notfallpläne zur Risikominderung entwickeln. Dadurch wird die Wahrscheinlichkeit des Auftretens unerwarteter Probleme verringert und der Erfolg der Entscheidung erhöht.

Die Szenarioanalyse hat jedoch auch einige Nachteile, derer sich die Entscheidungsträger bewusst sein sollten. So beruht sie beispielsweise auf Annahmen über die wichtigsten Einflussfaktoren, die sich auf die Entscheidung auswirken können. Diese Annahmen könnten falsch sein. Außerdem können die Entwicklung mehrerer Szenarien und die Bewertung ihrer potenziellen Auswirkungen zeitaufwendig sein. Den Entscheidungsträgern dabei helfen, diese Herausforderungen zu überwinden, kann die Sensitivitätsanalyse. Bei der Sensitivitätsanalyse wird die Widerstandsfähigkeit von Entscheidungen durch Änderung der in der Studie verwendeten Annahmen untersucht. Bei diesem Prozess wird erforscht, wie sich die Ergebnisse der Analyse bei der Variation von kritischen Annahmen verändern würden.

Die Sensitivitätsanalyse

Mithilfe der Sensitivitätsanalyse können Sie beurteilen, wie empfindlich eine Entscheidung oder Strategie auf Änderungen der wichtigsten Faktoren reagiert. Sie können durch ihre Anwendung nachvollziehen, wie sich Änderungen der Annahmen auf das Ergebnis auswirken, was für die Prüfung der Robustheit Ihrer Entscheidung oder Strategie unerlässlich ist.

Außerdem zielt die Sensitivitätsanalyse darauf ab, die wesentlichen Annahmen zu ermitteln, die die Grundlage einer Entscheidung oder Strategie bilden. Ebenso wird beurteilt, wie sich Änderungen dieser Annahmen auf das Ergebnis auswirken könnten. Diese Art der Analyse ist wertvoll, weil sie den Problemlösern hilft, die mit einer Entscheidung verbundenen Gefahren und Unsicherheiten einzuschätzen und Notfallpläne zu entwickeln, falls die Dinge schieflaufen.

Zudem beinhaltet die Sensitivitätsanalyse die Änderung einer oder mehrerer Annahmen und die Analyse der jeweiligen Folgen. Ein Unternehmen kann zum Beispiel versuchen, die Auswirkungen veränderter Marktbedingungen auf seine Umsatzschätzungen zu beurteilen. Es könnte mit Annahmen zu Preisen, Volumen und Marktanteilen experimentieren, um zu sehen, wie sich diese auf die Einnahmen auswirken.

Bei der Sensitivitätsanalyse werden verschiedene Techniken eingesetzt, darunter die *Einweganalyse, die Mehrweganalyse und Tornado-Diagramme.* Bei der **Einweganalyse** wird immer nur eine Annahme auf einmal geändert, die anderen bleiben währenddessen konstant. Diese Technik hilft, die wichtigsten Annahmen zu ermitteln und zu verstehen, wie sich Änderungen dieser Annahmen auf das Ergebnis auswirken könnten. Bei der **Mehrweganalyse** werden mehrere Annahmen gleichzeitig geändert, um zu sehen, wie sie zusammenwirken. Die Mehrweganalyse zeigt also, wie verschiedene Annahmen zusammenwirken und das Ergebnis beeinflussen können.

Tornado-Diagramme sind eine grafische Darstellung der Sensitivitätsanalyse, die zeigen, wie sich Änderungen der verschiedenen Annahmen auf das Ergebnis auswirken. Die Annahmen sind auf der horizontalen Achse aufgelistet, die Auswirkungen auf das Ergebnis sind auf der vertikalen Achse dargestellt. Die Höhe der Balken zeigt also an, wie empfindlich das Ergebnis auf Veränderungen der einzelnen Annahmen reagiert.

Mithilfe der Sensitivitätsanalyse können so die Auswirkungen von Zinsänderungen auf Investitionsentscheidungen oder die Auswirkungen von Produktionskostenänderungen auf die Rentabilität bewertet werden. Schließlich werden die mit verschiedenen Szenarien verbundenen Risiken und Ungewissheiten bewertet, um potenzielle Probleme im Voraus zu erkennen und Lösungen dafür zu finden.

Präzisieren Sie und wählen Sie die beste Lösung aus

Verfeinern Sie bei der Entscheidungsfindung die Ergebnisse der Bewertungs- und Priorisierungsphase, um die beste Lösung auswählen zu können. Bei diesem Prozess werden die Durchführbarkeit, die Kosten sowie die potenziellen Risiken und Vorteile jeder Lösung berücksichtigt. Dazu können auch die Konsultation von Interessengruppen und die Berücksichtigung ihrer Sichtweisen gehören.

Sobald die beste Lösung ausgewählt wurde, entwickeln Sie einen Aktionsplan, der die notwendigen Schritte für eine effiziente Umsetzung enthält. Der Aktionsplan sollte klare Fristen und Rollen sowie die Materialien festlegen, um das gewünschte Ergebnis erreichen zu können. Außerdem sollten regelmäßige Fortschrittskontrollen und Bewertungen vorgesehen werden, um zu überprüfen, ob die Lösung wie erwartet funktioniert.

Wenden Sie das Pareto-Prinzip an

Wenn Sie vor mehreren Optionen stehen, kann Ihnen das Pareto-Prinzip, auch bekannt als 80/20-Regel, bei der Auswahl der besten Option helfen. Diese Regel besagt, dass nur etwa 20 % der Ursachen zu 80 % der Auswirkungen führen. Wenn Sie die Grundursachen eines Problems nach diesem Prinzip ermitteln, können Sie Ihre Bemühungen auf die wichtigsten verbesserungsbedürftigen Bereiche konzentrieren, was zu einer effektiveren Problemlösung führt.

Um das Pareto-Prinzip bei der Lösungsauswahl anzuwenden, müssen Sie die kritischsten Faktoren ermitteln, die zu dem Problem beitragen. Bewerten Sie dann potenzielle Lösungen danach, wie stark sie sich auf diese kritischen Faktoren auswirken würden. Dies hilft bei der Priorisierung von Lösungen, die am wahrscheinlichsten zur Verbesserung des Problems führen.

Stellen Sie sich vor, ein Unternehmen hat einen Umsatzrückgang zu verzeichnen. Nach einer Analyse der Situation erstellen Sie eine Liste möglicher Lösungen des Problems, zum Beispiel Preissenkungen, verstärkte Werbung und Verbesserung der Produktqualität. Bei der Anwendung des Pareto-Prinzips geht es darum, die Hauptursachen für den Umsatzrückgang zu ermitteln, zum Beispiel eine minderwertige Produktqualität und einen unzureichenden Bekanntheitsgrad. Anschließend bewertet das Unternehmen die Auswirkungen der einzelnen Lösungen auf diese Faktoren.

Zur Präzisierung und Auswahl der besten Lösung analysieren und vergleichen Sie verschiedene Optionen mithilfe eines formalen Entscheidungsprozesses, zum Beispiel einer Entscheidungsmatrix oder einem Entscheidungsbaum. Bei der **Entscheidungsmatrix** werden alle alternativen Lösungen aufgelistet und anhand von Kriterien bewertet. Ein **Entscheidungsbaum** hingegen verwendet eine grafische Darstellung, um alle möglichen Ergebnisse und Wahrscheinlichkeiten aufzuzeigen. Beide Ansätze tragen dazu bei, den Entscheidungsprozess strukturierter und objektiver zu gestalten.

Ebenso sollten Sie bei der Bewertung von Lösungen Aspekte wie *Durchführbarkeit, Wirksamkeit, Kosten* und *Auswirkungen* berücksichtigen. Die **Umsetzbarkeit** beschreibt, wie leicht eine Lösung in die Tat umgesetzt werden kann. Die **Effektivität** ist das Maß dafür, wie gut eine Lösung ein bestimmtes Problem löst. Die **Kosten** bezeichnen den finanziellen Aufwand für die Umsetzung der Lösung. Die **Auswirkungen** beschreiben die potenziellen Konsequenzen, die eine Lösung für ein Problem haben kann.

Insgesamt sollte bei der Auswahl einer Lösung darauf geachtet werden, dass alle Gesichtspunkte berücksichtigt werden und alle Beteiligten mit der endgültigen Entscheidung einverstanden sind.

Kapitel 11

Die Lösung implementieren

Nach der Identifizierung eines Problems und der Entwicklung möglicher Lösungen besteht der nächste Schritt in der Implementierung der Lösung. Daher konzentriert sich dieses Kapitel auf die verschiedenen Aspekte der Umsetzung einer Lösung, um Sie während des gesamten Prozesses zu unterstützen. Zu diesen Aspekten gehören beispielsweise die Erstellung eines Aktionsplans, die Einteilung von Verantwortlichkeiten und Ressourcen, die Entwicklung von Zeitplan und Etappenzielen, die Überwachung der Fortschritte und das Vornehmen von Anpassungen.

Einen Aktionsplan schaffen

In jedem Bereich ist ein Aktionsplan von entscheidender Bedeutung, da er die Weichen für den Erfolg stellt. Ein Aktionsplan ist ein Fahrplan für die Erreichung einer Reihe von Zielen. Er umreißt Ihre Strategien, die erforderlichen Ressourcen, Verantwortlichkeiten und Zeitpläne für Ihre Arbeit. Ein gut durchdachter Aktionsplan stellt sicher, dass das gewünschte Ergebnis klar und erreichbar ist.

Um einen effektiven Aktionsplan zu erstellen, sollten Sie **Prioritäten und Zeitpläne festlegen**. Prioritäten zu setzen bedeutet, die Maßnahmen zu ermitteln, die innerhalb eines bestimmten Zeitrahmens die besten Ergebnisse erzielen werden. Bei der Festlegung der Prioritäten können Sie das Pareto-Prinzip beziehungsweise die 80/20-Regel anwenden. Nachdem Sie Ihre Prioritäten festgelegt haben, **entwickeln Sie** für jede Aufgabe **einen Zeitplan**. Ein Zeitplan stellt sicher, dass Ihr Team die Fristen kennt und weiß, wie wichtig es ist, sie einzuhalten, und dass es notwendige Anpassungen vornehmen kann.

Die Ermittlung der erforderlichen Ressourcen ist ebenfalls ein wichtiger Schritt bei der Erstellung eines Aktionsplans. Zu den notwendigen Ressourcen gehören Geldmittel, Arbeitskraft, Ausrüstung und Technologie. Stellen Sie sicher, dass jede Hilfe dort und dann verfügbar ist, wo und wann sie benötigt wird. Die **Zuweisung von Zuständigkeiten** ist ebenfalls wichtig. Weisen Sie beispielsweise Ihren Teammitgliedern bestimmte Rollen und Zuständigkeiten zu und stimmen Sie diese mit Ihren Prioritäten und Zeitplänen ab. Auf diese Weise weiß jeder, was von ihm erwartet wird, und alle haben ein Gefühl der Mitverantwortung.

Die **Entwicklung eines Kommunikationsplans** hilft Ihnen und Ihrem Team, über Ihre Fortschritte auf dem Laufenden zu bleiben. Darüber hinaus ist die Kommunikation von entscheidender Bedeutung für den Umgang mit Interessengruppen und Kunden; sie hilft den Beteiligten, Ihre Maßnahmen zu verstehen und zu wissen, was sie in Zukunft erwarten können. Bei der Erstellung eines Kommunikationsplans sollten Sie *die Zielgruppe, den Übermittlungskanal, die Botschaft und die Häufigkeit der Kommunikation* festlegen.

Darüber hinaus ist es bei der Ausarbeitung eines Aktionsplans von entscheidender Bedeutung, mögliche Hindernisse zu erkennen und **Notfallpläne einzubeziehen**. Da unerwartete Situationen jederzeit auftreten können, ist es notwendig, eventuelle Hindernisse bei der Erreichung Ihrer Ziele zu ermitteln. Außerdem können Sie mithilfe von Notfallplänen planen, wie Sie auf auftretende Probleme reagieren können, um das Risiko eines Scheiterns zu verringern.

Zu guter Letzt lässt sich sagen, dass die **Bewertung** ebenso wichtig ist wie die Entwicklung eines Aktionsplans. Die Messung des Erfolgs anhand der Zielvorgaben liefert ein Feedback über die Wirksamkeit Ihres Aktionsplans. Wenn die Ergebnisse Ihres Plans zeigen, dass Sie die erwarteten Ziele nicht erreicht haben, hilft Ihnen die Bewertung, die Schwachstellen zu ermitteln und Ihre Strategie anzupassen. Die Ermittlung der Stärken und Schwächen des Plans ermöglicht es Ihnen, sich auf Methoden zu konzentrieren, die funktionieren. Zudem hilft Ihnen die Bewertung des Plans dabei, verbesserungswürdige Bereiche zu ermitteln und sicherzustellen, dass Sie aus den Fehlern der Vergangenheit lernen.

Einen Zeitplan und Etappenziele erarbeiten

Die Entwicklung von Zeitplan und Etappenzielen gewährleistet die erfolgreiche Umsetzung von Problemlösungen, da sie hilft, den Fortschritt nachzuverfolgen und die Leistung zu messen. Um diesen Prozess zu verstehen, werden wir anhand eines Situationsbeispiels veranschaulichen, wie man einen Zeitplan und Etappenziele zur Lösung eines Problems erstellt.

Wenn Sie einen Zeitplan erstellen, sollten Sie **zunächst das Problem und mögliche Lösungen ermitteln**. *Nehmen wir an, das Problem ist eine hohe Fluktuationsrate in einem Unternehmen. Zu den möglichen Lösungen gehören die Verbesserung der Arbeitsplatzbedingungen für die Mitarbeiter, die Erhöhung der Gehälter und die Bereitstellung von mehr Weiterbildungsmöglichkeiten.*

Sobald die potenziellen Lösungen identifiziert sind, sollten Sie diese **auf der Grundlage ihrer potenziellen Auswirkungen und Durchführbarkeit in eine Rangfolge bringen**. *In unserem Beispiel könnte das Unternehmen der Verbesserung der Arbeitsplatzbedingungen den Vorrang geben, da dies eher machbar ist. Außerdem kann sie sich stärker auf die Mitarbeiterbindung auswirken als eine Gehaltserhöhung oder die Bereitstellung von mehr Schulungsmöglichkeiten.*

Um einen Zeitplan zu erstellen, **legen Sie die Schritte für jede Lösung fest und schätzen Sie die für jeden Schritt benötigte Zeit**. *In unserem Beispiel umfassen die notwendigen Schritte zur Verbesserung der Arbeitsplatzbedingungen die Durchführung von Mitarbeiterbefragungen, die Begehung von Arbeitsplätzen und die Ausarbeitung von Verbesserungsmaßnahmen. Für jeden Schritt werden zwei bis vier Wochen veranschlagt, je nach Komplexität und Verfügbarkeit von Ressourcen.*

Legen Sie nicht nur einen Zeitplan fest, sondern auch **Etappenziele,** um Fortschritte messen und Erfolge feiern zu können. Um sinnvoll zu sein, müssen Etappenziele spezifisch, messbar, erreichbar, relevant und termingebunden (SMART) sein. *In unserem Beispiel könnten wichtige Ereignisse oder Kontrollpunkte der Abschluss von Mitarbeiterumfragen, die Umsetzung von Anpassungen an Arbeitsplätzen und die Kommunikation der Änderungen an die Mitarbeiter sein. Jedes Etappenziel kann etwa vier bis sechs Wochen in Anspruch nehmen.*

Außerdem können das *Diagramm des kritischen Pfades* und das *Gantt-Diagramm* bei der Erstellung des Zeitplans helfen. Ein **Gantt-Diagramm** ist eine visuelle Darstellung, die die Anfangs- und Endzeiten, die Dauer und die Abhängigkeiten der einzelnen Aufgaben anzeigt. Es ist zum Beispiel bei der Verwaltung und Überwachung eines Projekts von Nutzen. Im Gegensatz dazu zeigt das **Diagramm des kritischen Pfades** die Abfolge der Aufgaben, die erledigt werden müssen, bevor das Projekt als erfolgreich abgeschlossen angesehen werden kann.

Indem wir die notwendigen Schritte etablieren, die benötigte Zeit abschätzen und wichtige Ereignisse oder Kontrollpunkte festlegen, können wir den Fortschritt überwachen, die Leistung messen und sicherstellen, dass jeder Schritt rechtzeitig abgeschlossen wird.

Den Fortschritt überwachen

Die Überwachung des Fortschritts gewährleistet, dass die Lösungen für ein Problem effektiv und effizient funktionieren. Sie hilft zum Beispiel, Abweichungen vom Plan zu erkennen, und ermöglicht rechtzeitige Korrekturen. Zur weiteren Veranschaulichung dieses Prozesses wollen wir ein Situationsbeispiel heranziehen, das alle notwendigen Schritte aufzeigt, die Sie befolgen müssen.

Angenommen, ein Unternehmen steht vor dem Problem einer hohen Mitarbeiterfluktuation. Um dieses Problem anzugehen, hat es mehrere Lösungen eingeführt, darunter die Verbesserung der Arbeitsplatzbedingungen, das Angebot von mehr Weiterbildungsmöglichkeiten und die Verbesserung der Unternehmenskultur. Die Organisation muss den Fortschritt dieser Lösungen überwachen, um sicherzustellen, dass sie die Fluktuationsrate wirksam senken.

Zunächst hat die Organisation **Leistungsmetriken festgelegt.** Zu diesem Schritt gehört die **Ermittlung der wichtigsten Key-Performance Indicators (KPI, deutsch „Leistungskennzahlen").** Anschließend wurden KPIs wie Mitarbeiterzufriedenheit, Mitarbeiterbindung und Feedback ermittelt. Danach muss die Organisation **Zielwerte für die KPIs festlegen.** So wurden im Beispiel Zielwerte für diese KPIs festgelegt, die eine Steigerung der Mitarbeiterzufriedenheit um 20 %, eine Verringerung der Fluktuationsrate um 15 % und eine Steigerung des Mitarbeiterfeedbacks um 50 % ermöglichen sollten.

Nach diesem Schritt ist die **Erhebung von Daten** erforderlich. Die Organisation hat beispielsweise **einen Plan zur** regelmäßigen **Datenerhebung entwickelt,** um die Fortschritte bezüglich der festgelegten KPIs zu überwachen. Dann wurden **die Datenquellen ermittelt,** darunter Umfragen zum Mitarbeiterfeedback, Austrittsgespräche und Leistungsbewertungen. Ebenso wurde geplant, die **Daten in regelmäßigen Abständen zu erheben,** zum Beispiel vierteljährlich oder halbjährlich.

Anschließend überprüft die Organisation **die gesammelten Daten, um Trends und Muster erkennen zu können,** die auf Fortschritte oder verbesserungswürdige Bereiche hinweisen. Anhand der gesammelten Informationen werden **die gesammelten Daten mit den** für jeden KPI festgelegten **Zielwerten verglichen,** um festzustellen, ob Fortschritte erzielt werden. Auf Grundlage der Analyse der gesammelten Daten **ermittelt** das Unternehmen auch **Bereiche,** in denen **Verbesserungen** vorgenommen werden können.

Auf Basis der Bewertungsergebnisse **nimmt** die Organisation **die notwendigen Änderungen vor,** um die Wirksamkeit der implementierten Lösungen zu verbessern. Außerdem wird der **Fortschritt** bei der Erreichung der festgelegten KPIs **kontinuierlich überwacht.** Darüber hinaus **verfeinert** die Organisation auf der Grundlage der Bewertungsergebnisse **die KPIs und Leistungsmetriken nach Bedarf**.

Anpassungen vornehmen

Die Umsetzung einer Lösung ist der erste Schritt zur Erreichung des gewünschten Ergebnisses in jedem Problemlösungsprozess. Manchmal kann es jedoch vorkommen, dass die implementierte Lösung aufgrund unvorhergesehener Umstände oder Faktoren nicht die erwarteten Ergebnisse liefert. In solchen Fällen stellt die Anpassung der Lösung sicher, dass das Ziel trotzdem erreicht wird.

Wenn Sie Anpassungen an einer gescheiterten Lösung vornehmen, müssen Sie **zunächst feststellen, dass sie gescheitert ist.** Anzeichen für das Scheitern einer Lösung können die Nichterfüllung von Leistungszielen, Kundenbeschwerden oder eine geringere Produktivität sein. Das Sammeln von Daten zur Bestätigung des Fehlers ist ebenfalls wichtig, um sicherzustellen, dass es sich nicht um ein vorübergehendes Problem handelt, das sich von selbst lösen wird.

Nachdem das Scheitern festgestellt wurde, muss **es** im nächsten Schritt **analysiert werden**. Mögliche Gründe für das Scheitern sind unzureichende Ressourcen, schlechte Umsetzung oder das Fehlen klarer Ziele. Die Ermittlung der Grundursache für das Scheitern ist unerlässlich, um wirksame Lösungen zu entwickeln, die das zugrunde liegende Problem angehen. Ebenso sollten Sie aus dem Misserfolg lernen, um ähnliche Fehler in Zukunft zu vermeiden.

Sobald der Fehler analysiert wurde, sollten Sie **neue Lösungen entwickeln**. Die Förderung kreativen Denkens und die Erwägung alternativer Ansätze können zu effektiveren Lösungen führen, die die Ursache des Fehlers angehen. Die Entwicklung neuer Lösungen kann die Neudefinition von Zielen, die Anpassung von Prozessen oder die Einholung von Beiträgen verschiedener Interessengruppen beinhalten.

Die Ausarbeitung eines Plans für die Umsetzung der neuen Lösung stellt sicher, dass diese auch tatsächlich realisiert wird. Den Plan an alle Beteiligten zu kommunizieren, ist ebenfalls wichtig, um sicherzustellen, dass alle auf dem gleichen Stand sind. Bei der Beschaffung der erforderlichen Ressourcen für die Umsetzung der neuen Lösung sollten Sie sich um zusätzliche Mittel bemühen, Mitarbeiter schulen oder neue Geräte anschaffen.

Danach wird durch die **Festlegung von Metriken** für die Bewertung des Erfolgs der neuen Lösung sichergestellt, dass diese wie vorgesehen funktioniert – indem Fortschritte bei der Verwirklichung der Ziele überwacht und gegebenenfalls Anpassungen gemacht werden können, bis die gewünschten Ergebnisse erzielt werden.

Um die Effektivität während der Durchführung aufrechtzuerhalten, sind Anpassungsfähigkeit und Aufgeschlossenheit unerlässlich. Obwohl ein klarer Plan und klare Ziele wichtig sind, ist es auch notwendig, angesichts sich ändernder Umstände flexibel zu bleiben. Zu dieser Flexibilität könnte die Überarbeitung von Zeitplänen oder Prioritäten auf der Grundlage des Feedbacks von Teammitgliedern und Interessengruppen gehören. Die Offenheit für Anpassungen ermöglicht es, das Projekt auf Kurs zu halten und die gewünschten Ergebnisse zu erzielen.

Säule 4

Bewältigung

In dieser letzten Säule lernen Sie, wie Sie die Einschränkungen und Herausforderungen überwinden, die bei der Anwendung dieses Problemlösungsprozesses auftauchen können. Zu diesen Herausforderungen können mangelnde Klarheit, Vorurteile, bestimmte Annahmen, Zeit- und Ressourcenbeschränkungen gehören.

Kapitel 12

Mangelnde Klarheit

Die Arbeit an einem Problem ist wahrscheinlich frustrierend und herausfordernd, wenn man mit unklaren Zielen oder undefinierten Schritten konfrontiert wird. Tatsächlich sind Unklarheit, Missverständnisse und schlechte Entscheidungsfindung oft die Folge eines Mangels an Klarheit. Um eine effektive Problemlösung zu gewährleisten, ist Klarheit daher von größter Bedeutung.

Dieses Kapitel befasst sich zum Beispiel mit den Ursachen von Unklarheiten und Mehrdeutigkeit und untersucht Methoden zur Zerlegung von Problemen in kleinere Komponenten. Ebenso werden Möglichkeiten zur Verfeinerung von Problemstellungen und Zielen durch iteratives Feedback und Testen aufgezeigt.

Die Ursachen von Unklarheiten identifizieren

Das Erkennen der Quellen von Unklarheiten oder Mehrdeutigkeit ist entscheidend für die Lösung eines Problems. Zu wissen, was genau passieren soll, ist der erste Schritt zur Problemlösung. Ohne Klarheit riskiert der Problemlöser, das falsche Problem zu lösen. Dieser Mangel an Klarheit rührt oft von einer schlecht definierten Problemstellung oder unklaren Zielen her.

Daher ist es notwendig, das unklare Problem in seine Einzelteile zu zerlegen, bevor man versucht, es zu lösen. In der Informatik und der Mathematik wird beispielsweise das *Teile-und-herrsche-*

Verfahren" angewandt. Wenn man das Problem in kleinere, besser handhabbare Teile zerlegt, ist es einfacher, die Quellen der Unklarheit oder Mehrdeutigkeit zu identifizieren.

Die *„Teile und herrsche"*-Strategie ist eine Problemlösungsmethode, bei der ein komplexes Problem in kleinere Teilprobleme zerlegt und diese einzeln angegangen werden. Dieser Ansatz kann auf verschiedene Probleme angewandt werden, zum Beispiel auf die Entwicklung von Software oder die Formulierung einer Unternehmensstrategie. Um dieses Verfahren effektiv anzuwenden, sollten Sie das Problem in möglichst kleine Teilprobleme zerlegen und jedes Teilproblem unabhängig von den anderen lösen.

Dazu hat die *„Teile und herrsche"*-Strategie eine Reihe von Vorteilen. Erstens ermöglicht sie die Zerlegung eines Problems in kleinere Teile und hilft bei der Reduzierung seiner Komplexität. Dies kann das Verstehen und Auffinden der Ursachen von Mehrdeutigkeit oder Unklarheit vereinfachen. Zweitens ermöglicht sie eine effizientere Problemlösung, da jedes Teilproblem unabhängig von den anderen gelöst werden kann. Und schließlich kann sie helfen, potenzielle Lösungen zu finden, die bei der Betrachtung des Problems als Ganzes vielleicht nicht auffallen würden.

Die Verfeinerung der Problemdefinition und Ziele durch iteratives Feedback und Tests ist eine wichtige Strategie, um Unklarheiten und Mehrdeutigkeiten zu beseitigen. Dieser Prozess beinhaltet die kontinuierliche Bewertung und Verfeinerung der Problemstellung und Ziele, bis diese klar und deutlich definiert sind. Durch iteratives Feedback und Testen können Einzelpersonen und Teams sicherstellen, dass die Problemstellung und Ziele gut definiert und auf das gewünschte Ergebnis abgestimmt sind.

Iteratives Feedback und Tests umfassen eine Reihe von Maßnahmen, die zur Verfeinerung von Problemstellungen und Zielen beitragen können. Zu Beginn sollten beide so klar und prägnant wie möglich formuliert werden. Anschließend werden potenzielle Lösungen entwickelt und getestet, um festzustellen, ob sie das Problem auf wirksame Weise angehen und die Ziele erreichen. Auf Grundlage der Testergebnisse werden Problemstellung und Ziele angepasst, und der Prozess wird so lange wiederholt, bis eine optimale Lösung gefunden ist.

Der iterative Feedback- und Testansatz hat viele Vorteile. Erstens stellt er sicher, dass die Problemstellung und Ziele gut definiert und auf das gewünschte Ergebnis abgestimmt sind. Zweitens hilft er dabei, potenzielle Antworten zu finden, die anfangs vielleicht bisher nicht offensichtlich waren. Und drittens ermöglicht er eine kontinuierliche Verbesserung durch die Verfeinerung von Problemstellung und Zielen auf der Grundlage des Feedbacks aus den Tests.

Wenn Sie ein Problem angehen, sollten Sie daher zunächst die Faktoren ermitteln, die Unklarheit oder Mehrdeutigkeit verursachen. Auch das gewünschte Ergebnis sollte ausdrücklich genannt werden, um Erfolg zu gewährleisten. Die Problemstellung und Ziele sollten klar definiert und auf das beabsichtigte Ergebnis abgestimmt sein. Eine Strategie zur Aufsplittung eines Problems in überschaubare Teile ist das „*Teile-und-herrsche-Verfahren*", das dazu beitragen kann, Bereiche der Unsicherheit oder Unklarheit aufzudecken.

Durch iteratives Feedback und Testen können Sie Ihre Problemstellung und Ziele kontinuierlich verbessern und perfektionieren, bis eine zufriedenstellende Lösung erreicht ist. Dieser Ansatz ermöglicht es Ihnen, Quellen von Unklarheiten oder Ungewissheit effektiv und effizient anzugehen, was zu erfolgreicheren Ergebnissen bei Ihren Problemlösungsbemühungen führt.

Das Problem aufschlüsseln

Die Aufteilung eines großen Projekts in kleinere, besser überschaubare Aufgaben kann für die Projektleiter von Vorteil sein, da sie so den Teammitgliedern Aufgaben zuweisen und den Fortschritt besser überwachen können. Kleinere Projekte sind auch im Hinblick auf die Risikoerkennung, die Ressourcenzuweisung und die Fortschrittsüberwachung einfacher zu verwalten.

Darüber hinaus kann die Zerlegung komplexer Probleme in kleinere Komponenten die Problemlösung erleichtern, da sie weniger entmutigend und besser anpassbar an Veränderungen ist. Ein Problem als eine einzige, monolithische Aufgabe anzugehen, kann überwältigend wirken und es schwierig machen, den Kurs zu ändern und anzupassen, wenn unerwartete Hindernisse auftauchen. Kleinere Aufgaben bieten die nötige Flexibilität und Anpassungsfähigkeit, um unerwartete Veränderungen bewältigen und erfolgreichere Ergebnisse erzielen zu können.

Zusammenarbeit und Teamwork können verbessert werden, wenn ein Problem in kleinere Komponenten aufgeteilt wird. So können die Teammitglieder beispielsweise die Verantwortung für verschiedene Teile des Problems übernehmen und ihr Fachwissen und ihre Sichtweisen einbringen. Dieser Ansatz kann zu originellen Lösungen und besserer gemeinsamer Verantwortlichkeit führen.

Es gibt verschiedene Methoden, um ein Problem in kleinere Teile zu zerlegen. Eine gängige Methode ist die Erstellung einer mentalen Landkarte, die auch als ‚Mindmap' bezeichnet wird. Mittels dieser Karte wird ein Problem visualisiert, wobei der zentrale Gedanke in der Mitte steht und die Unterideen in verschiedenen Richtungen drum herumstehen und dabei durch Linien mit der Hauptidee verbunden sind. Außerdem ist eine Mindmap nützlich, um verschiedene Ideen und Perspektiven zu erkunden und wichtige Beziehungen und Verbindungen zwischen Problemkomponenten zu erkennen.

Neben Mindmaps und der Aufsplittung in Teilaufgaben gibt es verschiedene andere Ansätze, um ein Problem in kleinere Komponenten zu zerlegen: die *Grundursachenanalyse,* die *Pareto-Analyse* und *Fischgrät-Diagramme.* Jede dieser Strategien hat Vor- und Nachteile. Welche Technik verwendet wird, hängt von der Art des Problems und den spezifischen Anforderungen des Problemlösers ab.

Es ist für die Problemlösung also wichtig, ein Problem in kleinere Komponenten zu zerlegen. Diese Strategie fördert das Verständnis, die Flexibilität, die Teamarbeit und die Anpassung. Wenn ein Problem in kleinere Teile aufgeteilt wird, gestalten sich die Verwaltung, die Überwachung der Entwicklung und die Zuweisung von Ressourcen einfacher.

Die Problemstellung und Zielsetzung verfeinern

Die Problemstellung ist die Grundlage des gesamten Problemlösungsprozesses. Eine gut formulierte Problembeschreibung gibt dem Problemlösungsprozess Klarheit, Richtung und Bestimmung. Die Verfeinerung der Problemstellung beinhaltet die Identifizierung des Problems sowie die Beschreibung seines Ausmaßes und seiner Auswirkungen. Zu den Techniken zur Bestimmung der Problemstellung gehören Brainstorming, die Erstellung eines Rahmens für die Problemstellung, die Grundursachenanalyse und die SWOT-Analyse.

Bei der Klärung des Problems geht es darum, es zu definieren und seinen Umfang zu bestimmen. Außerdem wird durch diesen Prozess sichergestellt, dass alle Beteiligten das Problem verstehen und auf demselben Stand sind. Das Stellen offener Fragen, Brainstorming, Recherchen und das Erkennen von Annahmen und Vorurteilen können zur Klärung des Problems beitragen.

Nach der Verfeinerung der Problemstellung besteht der nächste Schritt darin, messbare und erreichbare Ziele zu entwickeln. Ziele dienen als Fahrplan für die Lösung des Problems und müssen spezifisch und realistisch sein. Die Verwendung der SMART-Kriterien für die Entwicklung von Zielen stellt sicher, dass diese spezifisch, messbar, erreichbar, relevant und termingebunden sind.

Darüber hinaus umfasst die Entwicklung von Zielen die Identifizierung des Lösungsbereichs, die Festlegung von Prioritäten, die Aufteilung der Ziele in Teilaufgaben, die Definition von Messgrößen und Indikatoren sowie die Festlegung von Fristen und Etappenzielen. Durch die Verknüpfung der Ziele mit der Problemstellung wird sichergestellt, dass die Ziele auf die Problemstellung abgestimmt sind und zur Lösung beitragen.

Problemeingrenzung und -neuausrichtung können Kreativität und Innovation, Zusammenarbeit und Teamwork sowie Effizienz und Produktivität fördern. Zu den Techniken für die Problemeingrenzung und -neuausrichtung gehören die Prüfung von Grenzen, das Hinterfragen von Annahmen, divergentes Denken und Analogien.

Bei der Prüfung von Grenzen geht es darum, die Grenzen des Problems zu ermitteln und über den Tellerrand hinauszuschauen, um Lösungen zu finden. Durch das Hinterfragen von Annahmen können verborgene Vorurteile erkannt und neue Lösungen gefunden werden. Beim divergenten Denken werden mehrere Lösungen für ein Problem entwickelt. Bei Analogien geht es darum, das Problem mit anderen Situationen zu vergleichen und Ähnlichkeiten zu finden, um Lösungen schaffen zu können.

Zusammenfassend lässt sich sagen, dass die Verfeinerung der Problembeschreibung und Ziele für eine effektive Problemlösung unerlässlich ist. Eine klare Problemstellung und gut definierte Ziele leiten den Problemlösungsprozess und führen zu effizienten und effektiven Lösungen. Zu den Techniken gehören die Definition der Problemstellung und die Verwendung von SMART-Kriterien für die Entwicklung von Zielen. Durch die Problemeingrenzung und -neuausrichtung können die Problemstellung und Zielsetzung verfeinert und die Problemlösung verbessert werden.

Kapitel 13

Vorurteile und Annahmen

Bei der Problemlösung und Entscheidungsfindung können Vorurteile und Annahmen den Fortschritt behindern und sich negativ auf das Ergebnis auswirken. Diese Vorurteile und Annahmen können die Realität verzerren, kreatives Denken behindern und die Wahrscheinlichkeit verringern, dass Innovationen gelingen. Daher ist es von entscheidender Bedeutung, sich dieser Vorurteile und Annahmen bewusst zu sein und Maßnahmen zu ergreifen, um ihnen entgegenzuwirken. In diesem Kapitel wird eine Reihe von Strategien vorgestellt, die darauf abzielen, Vorurteile und Annahmen zu erkennen, zu klären, zu hinterfragen und zu widerlegen. Zudem werden in diesem Kapitel auch Techniken zum Einholen unterschiedlicher Perspektiven und Rückmeldungen sowie Methoden zum Testen von Annahmen und Vorurteilen durch Experimente und Datenanalyse erörtert.

Potenzielle Quellen von Vorurteilen und Annahmen erkennen

Die Identifizierung potenzieller Quellen von Vorurteilen und Annahmen ist bei Problemlösungs- und Entscheidungsprozessen von essenzieller Bedeutung. Vorurteile können unser Urteilsvermögen beeinträchtigen und zu irrationalen, ungenauen oder unfairen Entscheidungen führen. Vorgefertigte Annahmen können uns zu falschen Einschätzungen des Problems verleiten und dazu führen, dass wir wichtige Informationen oder Lösungen übersehen.

Eine häufige Quelle für Vorurteile sind **persönliche Überzeugungen und Werte**. Diese Meinungen und Grundsätze können unsere Entscheidungsfindung und Wahrnehmung der Welt beeinflussen. Wenn jemand zum Beispiel fest an eine bestimmte politische Ideologie glaubt, wird er Beweise, die seinen Überzeugungen widersprechen, möglicherweise ignorieren. Ebenso könnte jemand, der emotional an einer bestimmten Lösung hängt, deren Schwächen übersehen.

Manchmal entstehen Vorurteile und Annahmen aus einem Mangel an Informationen oder Verständnis. So zwingen uns begrenzte Daten dazu, Vermutungen anzustellen, um unsere Neugier zu befriedigen. Angenommen, Sie sind mit einer bestimmten Kultur oder Bevölkerung nicht vertraut, und es gibt keine verfügbaren Informationen, die Sie aufklären könnten. In solchen Fällen zieht unser Gehirn Verallgemeinerungen oder Vorurteile heran, um Schlussfolgerungen ziehen zu können. Dieser Ansatz kann jedoch zu falschen Annahmen und potenziell verzerrten Urteilen führen.

Kulturelle Normen und Stereotype können ebenfalls zu Vorurteilen und Vermutungen führen. Unsere Ansichten, Werte und Wahrnehmungen anderer Menschen können von unserem kulturellen Erbe beeinflusst sein. Stereotype können zu falschen Annahmen über Einzelpersonen oder Gruppen führen und Vorurteile und Diskriminierung aufrechterhalten.

Eine weitere mögliche Ursache für Vorurteile und Vermutungen ist das **Gruppendenken**. Gruppendenken entsteht, wenn eine Gruppe Konsens und Uniformität gegenüber unabhängigem Denken und kritischer Analyse bevorzugt. In einer Situation des Gruppendenkens unterdrückt der Einzelne möglicherweise seine Zweifel oder abweichenden Meinungen, um die Gruppenharmonie zu wahren. Dies kann zu Vorurteilen und Annahmen führen, die nicht hinterfragt werden und die wiederum zu fehlerhaften Entscheidungen führen.

Es gibt zwei wesentliche Maßnahmen, um potenzielle Quellen für Vorurteile und Annahmen zu ermitteln: *Selbstreflexion und Einholung von Feedback von anderen.* Bei der **Selbstreflexion** geht es darum, unsere eigenen Überzeugungen und Werte sowie unsere Entscheidungsprozesse zu überprüfen. Durch diesen Prozess können wir mögliche Vorurteile und Annahmen erkennen, die unser Urteil beeinflussen.

Das Einholen von Feedback von anderen hilft uns ebenso, Vorurteile und Annahmen zu erkennen, derer wir uns möglicherweise nicht bewusst sind. Dies kann bedeuten, dass wir Kollegen oder Interessenvertreter um Beiträge bitten oder Hilfsmittel wie Umfragen oder Fokusgruppen nutzen, um verschiedene Perspektiven zu erfassen. Ebenso kann dies dazu beitragen, potenzielle Vorurteile oder Annahmen aufzudecken, derer wir uns möglicherweise nicht bewusst sind. So kann das Betrachten verschiedener Perspektiven und Beiträge zu einem umfassenden Verständnis des Problems und zu möglichen Lösungen führen. Auf diese Weise können wir uns mit unseren Vorurteilen auseinandersetzen und die Qualität unserer Entscheidungen verbessern.

Annahmen klären und Schlüsselbegriffe definieren

Die Definition von Schlüsselbegriffen und die Klärung von Annahmen sind entscheidende Schritte bei der Problemlösung und Entscheidungsfindung. Der Grund dafür ist, dass die Beteiligten das Problem, seine Ursachen und seine möglichen Lösungen oft unterschiedlich interpretieren. Diese Unterschiede können sich aus individuellen Überzeugungen, Werten, kulturellen Normen und Fachkenntnissen ergeben. Durch die Klärung von Annahmen und die Definition von Schlüsselbegriffen können die Beteiligten sicherstellen, dass sie ein gemeinsames Verständnis des Problems und seiner möglichen Lösungen haben. Außerdem lassen sich so

Missverständnisse vermeiden und die Beteiligten können auf effektivere Weise an einer Lösung arbeiten.

Eine Möglichkeit, Annahmen zu klären und Schlüsselbegriffe zu definieren, bietet die Forschung. **Forschung** kann den Beteiligten helfen, das Problem, seine Ursachen, Auswirkungen und möglichen Lösungen auf umfassende Art zu verstehen. Diese Methode kann Wissens- oder Verständnislücken aufdecken, die zu dem Problem beitragen. Die Forschung kann mit verschiedenen Mitteln durchgeführt werden, zum Beispiel durch Literaturrecherchen, Umfragen, Interviews und Fallstudien. Durch das Sammeln von Informationen aus verschiedenen Quellen können die Beteiligten das Problem besser verstehen und einen fundierteren Ansatz zur Problemlösung und Entscheidungsfindung entwickeln.

Die Beratung durch Experten ist eine weitere Methode, um Annahmen zu klären und Schlüsselbegriffe zu definieren. Experten können wertvolle Einblicke und Perspektiven, einschließlich potenzieller Lösungen, liefern. Sie können auch helfen, Vorurteile oder Annahmen zu erkennen, die das Denken der Beteiligten beeinflussen. Meetings, Workshops und Online-Foren sind allesamt Möglichkeiten, mit Experten in Kontakt zu treten. Durch die Konsultation von Experten können die Beteiligten ein tieferes Verständnis des Problems gewinnen und eine effektivere Strategie für die Problemlösung und Entscheidungsfindung entwickeln.

Ein offener Dialog mit den Beteiligten hilft ebenso, Annahmen zu klären und Schlüsselbegriffe zu definieren. Dazu gehört die Schaffung eines offenen, kollaborativen Umfelds, in dem die Beteiligten ihre Perspektiven und Erkenntnisse austauschen können. Bei offenen Diskussionen ist es wichtig, allen Standpunkten gegenüber aufgeschlossen zu sein und verschiedene Ideen zu berücksichtigen. Dies kann dazu beitragen, mögliche Vorurteile oder Annahmen zu erkennen und ein gemeinsames Verständnis des Problems und seiner Lösungen zu entwickeln.

Eine klare und präzise Sprache ist bei der Definition von Schlüsselbegriffen und der Klärung von Annahmen also von entscheidender Bedeutung. Auch die Schlüsselbegriffe und Annahmen sollten klar definiert und transparent dargestellt werden. Außerdem wird dadurch sichergestellt, dass alle Beteiligten ein gemeinsames Verständnis des Problems und seiner möglichen Lösungen haben.

Angenommen, ein Team arbeitet daran, die Kundenzufriedenheit in einem Call-Center zu verbessern. In diesem Szenario geht man davon aus, dass die Kunden mit dem Call-Center unzufrieden sind, weil sie lange Wartezeiten haben oder die Mitarbeiter nicht auf sie reagieren. Möglicherweise sind diese Annahmen jedoch nicht korrekt, und das Team muss Nachforschungen anstellen oder mit den Kunden interagieren, um das Problem besser zu verstehen. Zu den Schlüsselbegriffen könnte in diesem Fall *„Kundenzufriedenheit"* gehören, die über spezifische Metriken oder Indikatoren definiert werden könnte, zum Beispiel Wartezeiten oder Antwortquoten.

Annahmen hinterfragen und Vorurteile anfechten

Das Hinterfragen von Annahmen und das Anfechten von Vorurteilen ist bei Problemlösungs- und Entscheidungsprozessen von großer Bedeutung. Dadurch wird sichergestellt, dass Entscheidungen auf fundierten Beweisen und logischen Überlegungen beruhen und nicht auf persönlichen Vorurteilen oder Überzeugungen. Vorurteile und Annahmen können schwer zu erkennen sein und bleiben oft unhinterfragt, wenn man nicht aktiv nach ihnen sucht.

Ein effektiver Weg, Vorurteile und Annahmen zu hinterfragen, besteht in der **Suche nach Informationen, die den eigenen Überzeugungen widersprechen**. Dazu gehört, dass man offen für andere Sichtweisen ist und sich aktiv mit Ideen auseinandersetzt, die die eigenen Annahmen infrage stellen könnten. Gehen Sie außerdem mit einer offenen und neugierigen statt einer defensiven oder verschlossenen Denkweise an diese Ideen heran, um ihren potenziellen Wert vollständig verstehen zu können.

Ein anderer Ansatz für den Umgang mit Vorurteilen und Annahmen ist die **Auseinandersetzung mit unterschiedlichen Standpunkten oder Erfahrungen,** die dazu beitragen können, mögliche Vorurteile und Annahmen zu erkennen. Ein offener und ehrlicher Dialog mit den Interessenvertretern ist ein weiterer wirksamer Ansatz zur Beseitigung von Vorurteilen und Annahmen. Dazu kann gehören, Feedback von Menschen mit unterschiedlichen Ansichten oder Erfahrungen einzuholen und sich ihre Ideen und Bedenken genau anzuhören. Um eine offene Kommunikation zu fördern, ist es wichtig, ein angenehmes und nicht wertendes Umfeld für diese Dialoge zu schaffen.

Außerdem muss man als Einzelner bereit sein, seine Fehler einzugestehen und seine Vorurteile und Voreingenommenheiten zu hinterfragen. So ist es entscheidend, diese Diskussionen mit Bescheidenheit und Lernbereitschaft zu führen, anstatt defensiv zu reagieren. Dadurch wird eine Kultur des Vertrauens und der Zusammenarbeit gefördert, in der sich die Beteiligten sicher genug fühlen, um Annahmen und Vorurteile infrage zu stellen, ohne negative Konsequenzen befürchten zu müssen.

Um Vorurteile und Annahmen infrage zu stellen, sollte man auch die Sprache hinterfragen, die zur Beschreibung eines Problems verwendet wird. Klare und präzise Definitionen von Schlüsselbegriffen und -konzepten sind ebenfalls notwendig, um sicherzustellen, dass alle Beteiligten ein gemeinsames Verständnis des Problems und möglicher Lösungen haben.

Vielfältige Beiträge sammeln

Das Sammeln von verschiedenen Perspektiven und Beiträgen ist für eine wirksame Problemlösung und Entscheidungsfindung unerlässlich. Durch die Einholung eines breiten Spektrums von Standpunkten und Meinungen ist es möglich, ein umfassendes Verständnis des Problems und seiner möglichen Lösungen zu entwickeln. Außerdem können so die Auswirkungen von Vorurteilen und Annahmen abgeschwächt und neue und innovative Ideen aufgedeckt werden.

Verschiedene Perspektiven und Beiträge werden oft durch Umfragen oder Fokusgruppen gewonnen. Diese Hilfsmittel sind nützlich, um Kunden-, Mitarbeiter- oder Community-Feedback einzuholen. **Umfragen** können in verschiedenen Formaten durchgeführt werden, zum Beispiel online oder in Papierform, und sie können quantitative oder qualitative Daten erfassen.

Im Gegensatz dazu sind an **Fokusgruppen** in der Regel einige wenige Interessenvertreter beteiligt, die zusammenkommen, um ein bestimmtes Thema oder eine bestimmte Frage zu diskutieren. Diese Sitzungen werden in der Regel von einem Moderator moderiert, der die Diskussion leitet und sicherstellt, dass alle Teilnehmer ihre Meinungen und Ideen äußern können.

Ein offener Dialog mit den Betroffenen ist ebenfalls von entscheidender Bedeutung. So können zum Beispiel Bürgerversammlungen oder öffentliche Foren abgehalten werden, bei denen die Interessenvertreter Fragen diskutieren und ihre Standpunkte darlegen können. Darüber hinaus können **persönliche Treffen** mit den Interessenvertretern zu einem tieferen Verständnis ihrer Anliegen und Wünsche führen.

Um verschiedene Sichtweisen und Beiträge effektiv zu erfassen, muss man **offen für unterschiedliche Standpunkte** sein **und alle**

Rückmeldungen ohne Vorurteile oder Voreingenommenheit berücksichtigen. Dies erfordert aktives Zuhören und ein offenes Ohr für konstruktive Kritik. Außerdem ist eine offene und nicht wertende Haltung gegenüber unterschiedlichen Perspektiven und Standpunkten erforderlich.

Durch die Festlegung klarer Grundregeln für Diskussionen kann sichergestellt werden, dass alle Beteiligten die gleichen Chancen haben, ihre Sichtweisen einzubringen. Um dies zu erreichen, können Leitlinien für einen respektvollen und konstruktiven Dialog sowie Regeln aufgestellt werden, die sicherstellen, dass alle Stimmen gehört werden und niemand das Gespräch dominiert.

Neben dem Sammeln verschiedener Standpunkte und Rückmeldungen muss **sichergestellt werden, dass alle Interessengruppen die Möglichkeit haben, sich an der Problemlösung und Entscheidungsfindung zu beteiligen.** Dies kann durch die Einrichtung von Ausschüssen oder Arbeitsgruppen erreicht werden, denen Mitglieder aus verschiedenen Interessengruppen angehören. Dies kann auch bedeuten, dass denjenigen, die nicht über die notwendigen Fähigkeiten oder Erfahrungen verfügen, um sich effektiv am Prozess zu beteiligen, Schulungen und Unterstützung angeboten werden.

Das Betrachten verschiedener Perspektiven und Beiträge und die Beteiligung der Interessengruppen an der Entscheidungsfindung können Vertrauen und Zusammenarbeit fördern. Dies kann ein Gefühl von Einbindung in den Prozess schaffen und Lösungen aufzeigen, die mit größerer Wahrscheinlichkeit von allen Beteiligten akzeptiert und umgesetzt werden können. Der **Aufbau von Vertrauen und Zusammenarbeit** fördert wiederum das Gefühl der Eigenverantwortung und ermutigt alle Beteiligten, auf ein gemeinsames Ziel hinzuarbeiten.

Annahmen und Vorurteile testen

Ein weiteres Beispiel für das Hinterfragen von Annahmen und Vorurteilen findet sich im Produktdesign. Designer treffen oft Annahmen darüber, welche Funktionen oder Designs ihre Zielgruppe ansprechen werden, aber diese Annahmen können auf persönlichen Vorurteilen oder begrenzten Daten beruhen. Nutzertests und Datenanalysen können Designern helfen, ihre Annahmen zu überprüfen und Einblicke in die Bedürfnisse und Vorlieben ihrer Zielgruppe zu gewinnen.

Die Überprüfung von Annahmen und Vorurteilen durch Experimente und Datenanalyse erfordert einen strengen und systematischen Ansatz. Zunächst müssen klare Hypothesen entwickelt und Experimente sorgfältig konzipiert werden. Anschließend müssen die Daten auf objektive und unvoreingenommene Weise gesammelt und analysiert werden. Zu guter Letzt sollten die Schlussfolgerungen auf der Grundlage von Beweisen und nicht auf der Grundlage vorgefasster Meinungen gezogen werden. Dieser Ansatz ist von entscheidender Bedeutung, wenn es darum geht, zu gewährleisten, dass der Testprozess Annahmen und Vorurteile auf wirksame Weise aufdeckt und infrage stellt.

Feedback und Evaluierung sollten ebenfalls in Problemlösungs- und Entscheidungsfindungsprozesse einfließen, wenn Annahmen und Vorurteile durch Experimente und Datenanalyse bewertet werden. Dies kann dazu beitragen, verbesserungsbedürftige Bereiche zu ermitteln und sicherzustellen, dass die Lösungen wirksam und nachhaltig sind. Verschiedene Ansätze wie Studien, Leistungsindikatoren und Verbraucherbefragungen können verwendet werden, um Feedback zu sammeln und Fortschritte zu bewerten. Dabei ist es wichtig, aktiv nach Feedback zu suchen und offen für Kritik zu sein, um blinde Flecken und Wachstumsbereiche aufdecken zu können.

Zusammenfassend lässt sich sagen, dass Vorurteile und Annahmen Problemlösungs- und Entscheidungsprozesse erheblich beeinträchtigen können. Sie können die Realität verzerren und kreatives Denken einschränken, wodurch das Innovationspotenzial verringert wird. Daher ist es wichtig, sich diese Vorurteile und Annahmen bewusst zu machen und Maßnahmen zu ergreifen, um ihnen entgegenzuwirken.

Kapitel 14
Zeit- und Ressourcenknappheit

Zeit- und Ressourcenknappheit ist eine häufige Herausforderung für Einzelpersonen und Organisationen. Dies kann sich auf die Produktivität und das Potenzial zu Innovation und Erfolg auswirken. Aus diesem Grund werden in diesem Kapitel Strategien zur Priorisierung von Aufgaben und Zielen, zur Rationalisierung von Prozessen und zur effektiven Nutzung von Ressourcen untersucht. Außerdem lernen Sie kreative Problemlösungen und Innovationen kennen.

Aufgaben und Ziele priorisieren

Ein effektives Zeitmanagement und die Fähigkeit, Prioritäten zu setzen, sind entscheidend für den persönlichen und beruflichen Erfolg. Bei der Prioritätensetzung geht es darum, die wichtigsten Aufgaben und Ziele zu ermitteln und diese zuerst zu erledigen, um die Produktivität und Effizienz zu maximieren. Dies kann jedoch eine Herausforderung sein, wenn zahlreiche Aufgaben anstehen und Fristen näher rücken. Deshalb brauchen Einzelpersonen und Unternehmen einen systematischen Ansatz, um auf effektive Weise Prioritäten zu setzen.

Um Aufgaben und Ziele effektiv zu priorisieren, muss zunächst das Problem oder die Aufgabe identifiziert und bewertet werden. Dazu gehört das Sammeln relevanter Daten, deren Analyse und die Erstellung einer Liste von Lösungsvorschlägen. Die Erstbewertung hilft dabei, die kritischen Aufgaben und Ziele sowie den Umfang der damit verbundenen Arbeit zu bestimmen. Im nächsten Schritt werden die potenziellen Lösungen nach ihrer Dringlichkeit, Wichtigkeit und Durchführbarkeit geordnet. Einzelpersonen und Organisationen können ihre Aufgaben und Ziele effizienter und effektiver priorisieren, wenn sie die verfügbaren Optionen systematisch bewerten und einordnen.

Der **ABC-Ansatz** ist eine wirksame Methode zur Priorisierung von Aufgaben. Dabei werden die Aufgaben je nach Wichtigkeit in die Kategorien A, B oder C eingeteilt. **A-Aufgaben** sind die wichtigsten und dringendsten und sollten daher zuerst erledigt werden. **B-Aufgaben** sind wichtig, aber nicht dringend und können nach den A-Aufgaben erledigt werden. **C-Aufgaben** sind weder notwendig noch dringend und können beiseitegelegt werden. Indem sie den A-Aufgaben den Vorrang einräumen, können Einzelpersonen und Organisationen sicherstellen, dass ihre wichtigsten Prioritäten erledigt werden.

Ein alternativer Ansatz für die Prioritätensetzung ist die **Eisenhower-Matrix**, bei der Aufgaben nach ihrer Dringlichkeit und Wichtigkeit in vier Kategorien eingeteilt werden.

Die **erste Kategorie enthält dringende und wesentliche Aufgaben,** die sofortige Aufmerksamkeit erfordern. Diese Aufgaben müssen zuerst in Angriff genommen werden. Die **zweite Kategorie umfasst notwendige, aber nicht dringende Aufgaben,** die für einen späteren Zeitpunkt eingeplant werden können. Die **dritte Kategorie umfasst dringende, aber unwichtige Aufgaben,** die delegiert oder aufgeschoben werden können. Die **vierte und letzte Kategorie ist für nicht dringende oder unwichtige Aufgaben** gedacht, die auf unbestimmte Zeit verschoben oder fallen gelassen werden können. Durch die Kategorisierung von Aufgaben nach der Eisenhower-Matrix können Einzelpersonen und

Organisationen ihre Zeit und Ressourcen optimieren, um maximale Effizienz und Produktivität zu gewährleisten.

Ein gesundes Gleichgewicht zwischen kurzfristigen und langfristigen Zielen ist für eine effektive Prioritätensetzung erforderlich. Die Konzentration auf dringende und kritische Aufgaben ist zwar wichtig, doch dürfen Einzelpersonen und Organisationen auch langfristige Ziele nicht vernachlässigen. Wenn langfristige Ziele verfehlt werden, kann dies zu verpassten Chancen und geringerer Produktivität in der Zukunft führen. Daher müssen Einzelpersonen und Organisationen ausreichend Zeit und Ressourcen für die Verwirklichung langfristiger Ziele einplanen und sich gleichzeitig um die unmittelbaren Prioritäten kümmern.

Um Aufgaben auf effektive Weise zu priorisieren, sind Kommunikation und Zusammenarbeit unerlässlich. In Organisationen muss sichergestellt werden, dass sich die Teammitglieder über die Prioritäten im Klaren sind und alle zusammenarbeiten. Dadurch wird doppelte Arbeit vermieden und sichergestellt, dass die Ressourcen effektiv genutzt werden. Eine effektive Zusammenarbeit ermöglicht es den Teammitgliedern, die Arbeitslast zu teilen und die Prioritäten schnell und effizient umzusetzen.

Prozesse rationalisieren und Ineffizienzen beseitigen

Effiziente Prozesse und die Beseitigung von Ineffizienzen sind von entscheidender Bedeutung, wenn es Einzelpersonen und Unternehmen darum geht, Zeit zu sparen, Kosten zu senken und die Qualität der Ergebnisse zu verbessern. Angesichts des ständigen Drucks, mit weniger mehr erreichen zu müssen, ist die Rationalisierung von Prozessen ein wertvolles Hilfsmittel. Durch die Beseitigung von Ineffizienzen und Engpässen können Einzelpersonen und Unternehmen ihre Ziele schneller erreichen, Kosten sparen und die Qualität ihrer Ergebnisse verbessern.

Prozess-Mapping ist ein leistungsfähiges Tool zur Rationalisierung von Prozessen. Dabei wird der aktuelle Prozess abgebildet, Engpässe und Ineffizienzen werden identifiziert und anschließend ein neuer, effizienterer Prozess erstellt. Ebenso kann das Prozess-Mapping Einzelpersonen und Organisationen dabei helfen, Bereiche zu identifizieren, in denen Zeit und Ressourcen verschwendet werden, und neue, rationalisierte Prozesse zu entwickeln.

Beim Prozess-Mapping werden zunächst der Input, die Aktionen und der Output eines Prozesses identifiziert, um seinen Ablauf zu verstehen. Der nächste Schritt besteht in der Ermittlung von Engpässen und Ineffizienzen. Dazu gehört die Untersuchung des Prozessablaufs, um Verzögerungen, Wiederholungen oder unnötige Schritte zu ermitteln. Durch die Identifizierung dieser Bereiche können Einzelpersonen und Organisationen neue, straffere und effektivere Verfahren entwickeln.

Ein Fertigungsunternehmen kann mithilfe des Prozess-Mappings seinen Produktionsprozess rationalisieren. Zunächst kann das Unternehmen Engpässe im aktuellen Prozess ermitteln, zum Beispiel Verzögerungen bei der Materiallieferung, ineffiziente Maschineneinstellungen oder unnötige Schritte in der Produktionslinie. Durch die Abbildung des Prozesses und die Identifizierung dieser Ineffizienzen kann das Unternehmen einen neuen Prozess entwickeln, der die Produktionszeit und -kosten reduziert und gleichzeitig die Qualität der Produktion verbessert.

Auch die **Automatisierung** ist eine wirksame Methode zur Rationalisierung von Prozessen. Dabei wird Technologie eingesetzt, um sich wiederholende oder manuelle Aufgaben zu automatisieren.

Durch die Automatisierung dieser Aufgaben können Einzelpersonen und Unternehmen Zeit sparen und Fehler reduzieren. So können sie sich auf höherwertige Tätigkeiten konzentrieren und ihre Arbeit effizienter gestalten.

Die Dateneingabe, der Kundensupport und die Bestandsverwaltung gehören zu den Prozessen, bei denen von der Automatisierung profitiert werden kann. So kann ein Unternehmen beispielsweise die Dateneingabe automatisieren. Anstatt Daten manuell in ein System eingeben zu müssen, kann die Software Daten aus Rechnungen, Quittungen oder Formularen extrahieren. Dieser Ansatz spart Zeit und reduziert Fehler, da die manuelle Dateneingabe fehleranfällig ist.

Außerdem kann die Automatisierung auch im Kundendienst eingesetzt werden. Chatbots können zum Beispiel von Unternehmen eingesetzt werden, um Kundenanfragen zu beantworten. Die Antworten auf häufig gestellte Fragen können in Chatbots vorprogrammiert werden, sodass sich die Kundendienstmitarbeiter auf komplexere Anfragen konzentrieren können. Zudem wird die Qualität des Kundendienstes verbessert, wenn Anfragen umgehend bearbeitet werden.

Die Rationalisierung von Prozessen und die Beseitigung von Ineffizienzen erfordert eine Einstellung, die auf ständige Verbesserung ausgerichtet ist. Einzelpersonen und Organisationen müssen bereit sein, ihre Prozesse regelmäßig zu bewerten und zu verbessern. Dies bedeutet, dass Daten gesammelt, interpretiert und die Prozesse geändert werden müssen. Um wettbewerbsfähig zu bleiben und Ziele auf effektivere Art zu erreichen, sind daher kontinuierliche Prozessverbesserungen erforderlich.

Verfügbare Ressourcen effektiv und effizient einsetzen

Die Ressourcenzuteilung ist eine leistungsstarke Technik zur effektiven Nutzung von Ressourcen. Sie beinhaltet die Verteilung verfügbarer Ressourcen wie Zeit, Geld und Mitarbeiter, um die wichtigsten Aktivitäten oder Ziele zu erreichen. Die **Priorisierung von Aufgaben und Zielen** ist für eine optimale Ressourcenzuweisung unerlässlich. So müssen Einzelpersonen und Organisationen beispielsweise die wichtigsten Themen nach ihrer Bedeutung und Durchführbarkeit priorisieren und dann die Ressourcen entsprechend zuweisen.

Angenommen, ein Unternehmen hat mehrere Projekte zu erledigen. In solchen Fällen kann es diese mithilfe eines Projektmanagement-Tools nach Dringlichkeit und Wichtigkeit priorisieren. Indem die Ressourcen auf die wichtigsten Prioritäten ausgerichtet werden, können Einzelpersonen und Organisationen ihre verfügbaren Ressourcen maximieren und die gewünschten Ziele effizienter erreichen.

Eine weitere Möglichkeit zur Maximierung der Ressourcennutzung ist das Outsourcing. Dabei werden externe Ressourcen mit der Durchführung bestimmter Aufgaben oder Projekte beauftragt. Durch das **Outsourcen** von Funktionen, die nicht zum Kerngeschäft gehören, können Einzelpersonen und Unternehmen Zeit und Geld sparen und sich gleichzeitig auf ihre Kernkompetenzen konzentrieren. So kann beispielsweise ein kleines Unternehmen, das keine Vollzeit-IT-Mitarbeiter hat, IT-Dienstleistungen an ein anderes Unternehmen auslagern. Außerdem können Einzelpersonen und Unternehmen auf diese Weise ihre Gemeinkosten senken, ihre Effizienz steigern und wertvolle Ressourcen freisetzen.

Um ihre Ressourcen zu maximieren, sollten sie neben der Ressourcenzuweisung und dem Outsourcing auch Technologie und

Automatisierungsprozesse einsetzen. Durch den Einsatz von Automatisierung und Technologie können Verfahren gestrafft, Fehler beseitigt und wertvolle Ressourcen für andere wichtige Aufgaben freigesetzt werden. Ein Unternehmen, das auf die manuelle Dateneingabe angewiesen ist, könnte beispielsweise von der Einführung eines automatisierten Systems profitieren. Die Automatisierung sich wiederholender oder zeitaufwendiger Aufgaben kann Zeit sparen und Fehler reduzieren, sodass sich Einzelpersonen und Unternehmen auf höherwertige Tätigkeiten konzentrieren können.

Eine Maximierung der Ressourcennutzung kann auch durch Cross-Training erreicht werden, bei dem die Mitarbeiter auf die Übernahme verschiedener organisatorischer Aufgaben vorbereitet werden. Diese Strategie stellt sicher, dass wichtige Aktivitäten auch dann ausgeführt werden können, wenn ein Teammitglied nicht verfügbar ist, da ein Pool von Mitarbeitern mit den erforderlichen Fähigkeiten und Ressourcen zur Verfügung steht. Darüber hinaus fördert Cross-Training die Teamarbeit und die Kollaboration, da die Mitarbeiter zusammenarbeiten, um neue Fähigkeiten und Kenntnisse zu erwerben.

Eine optimale Ressourcennutzung erfordert eine ständige Überprüfung und Überwachung. Einzelpersonen und Organisationen müssen ihre Ressourcennutzung kontinuierlich überwachen und ihre Strategien bei Bedarf anpassen. Wenn ein Unternehmen beispielsweise die gewünschten Ergebnisse nicht erreicht, muss es möglicherweise seine Aufgaben neu priorisieren oder die Ressourcen neu zuweisen, um seine Ziele zu erreichen. Eine kontinuierliche Überwachung und Bewertung kann Einzelpersonen und Organisationen dabei helfen, Ineffizienzen zu erkennen und den Ressourceneinsatz zu optimieren. Auf diese Weise können sie die gewünschten Ergebnisse auf effiziente Weise erreichen.

Kreative Problemlösung und Innovation

Kreative Problemlösung und Innovation sind entscheidend für den Umgang mit Zeit- und Ressourcenbeschränkungen. Es geht darum, neue und innovative Lösungen für Probleme zu finden und verbesserte Produkte, Dienstleistungen oder Prozesse zu entwickeln. Außerdem hilft es, Prioritäten zu setzen, Verfahren zu vereinfachen und Ressourcen auf effektive Art zu nutzen.

Das Brainstorming ist eine wirksame Methode zur kreativen Problemlösung. Bei dieser Technik werden auf schnelle und unvoreingenommene Weise viele Ideen gesammelt. Durch Brainstorming können Einzelpersonen und Organisationen kreative Lösungen für Probleme finden, die sie sonst vielleicht nicht in Betracht gezogen hätten.

Einen weiteren Ansatz zur kreativen Problemlösung bietet das Design Thinking, bei dem die Bedürfnisse und Perspektiven der Nutzer im Vordergrund stehen. Durch das Verständnis der Anforderungen und Sichtweisen der Nutzer können Einzelpersonen und Organisationen innovativere und praktischere Problemlösungen entwickeln. Dieser Ansatz kann zu benutzerfreundlicheren Lösungen und einer höheren Erfolgschance führen.

Die Schaffung einer Atmosphäre des Experimentierens und Lernens ist eine weitere wirksame Methode zur Förderung der Innovation. Wenn Einzelpersonen und Organisationen das Experimentieren und Lernen fördern, können sie innovative Lösungen für Probleme entwickeln und ihre aktuellen Produkte, Dienstleistungen und Verfahren verbessern. Indem sie sich auf neue Ansätze einlassen und die Kreativität fördern, können Einzelpersonen und Organisationen ihre Fähigkeit zur Innovation und zum Finden einzigartiger Lösungen verbessern.

Lassen Sie uns an einem Beispiel zeigen, wie diese Taktiken umgesetzt werden können. Nehmen wir an, ein Marketingteam erhält die Aufgabe, eine neue Marketingkampagne zur Förderung eines neuen Produkts zu entwerfen. Es hat eine knappe Frist und begrenzte Ressourcen. Um eine erfolgreiche Kampagne durchzuführen, muss das Team Prioritäten setzen, seine Prozesse straffen und seine Ressourcen auf effiziente Weise nutzen.

So kann das Marketingteam beispielsweise die Eisenhower-Matrix und die ABC-Methode verwenden, um die wesentlichen Aufgaben zu ermitteln und nach Prioritäten zu ordnen. Zur Rationalisierung seiner Prozesse nutzt das Marketingteam auch das Prozess-Mapping. Es ermittelt Engpässe und Ineffizienzen in seinem derzeitigen Marketingprozess und entwickelt eine neue, effizientere Methode. Anschließend verteilt es die Ressourcen auf die wichtigsten Aufgaben. Außerdem delegiert es Aufgaben, die nicht zum Kerngeschäft gehören, wie Grafikdesign und Textgestaltung, um Zeit und Geld zu sparen.

Durch die Anwendung dieser Strategien in der Praxis können Einzelpersonen und Organisationen neue und innovative Lösungen für Probleme entwickeln, die Qualität verbessern, Kosten senken und Zeit sparen.

Schlussfolgerung

Zusammenfassend lässt sich sagen, dass die Problemlösung eine wesentliche Fähigkeit ist, die in verschiedenen Bereichen wie Wirtschaft, Bildung, Wissenschaft, Technik, Medizin und Recht eingesetzt werden kann.

Bei der ersten Säule des Buchs lag der Schwerpunkt auf dem Verständnis des Problems und der klaren Definition der Problemstellung und Ziele. Dies kann durch Problemeingrenzung, Datenerfassung und Analysetechniken sowie durch die Ermittlung von ursächlichen und beitragenden Faktoren erreicht werden. Das Sammeln von Informationen ist ein weiterer wichtiger Aspekt, der diskutiert wurde, und der Umfragen, Interviews, Beobachtungen, Experimente und Simulationen beinhaltet.

Die zweite Säule der Problemlösung ist die Strategieentwicklung, bei der Flussdiagramme, Diagramme und SWOT-Analysen verwendet werden, um den Zweck und Umfang des Problems zu bestimmen, den Prozess zu identifizieren und die Stärken, Schwächen, Chancen und Gefahren zu bewerten. Die Six-Sigma-Methode ist ebenfalls hilfreich bei der Strategieentwicklung, da sie den DMAIC-Prozess (definieren, messen, analysieren, verbessern und steuern) beinhaltet.

In der dritten Säule wurden die Entscheidungsfindung, die Ermittlung von Optionen sowie die Bewertung und Priorisierung von Lösungen erläutert. Brainstorming-Sitzungen, Wahrscheinlichkeitsanalysen und Ideenfindungsworkshops helfen bei der Ermittlung von Optionen, während Entscheidungsmatrizen, Entscheidungsbäume und multikriterielle Entscheidungsanalysen bei der Bewertung und Priorisierung von Lösungen helfen. Die Bewertung von Risiken und Unsicherheiten sowie die Verfeinerung und Auswahl der besten Lösung sind ebenfalls für die Entscheidungsfindung unerlässlich.

Die letzte Säule der Problemlösung ist die Bewältigung, bei der es darum geht, Probleme wie mangelnde Klarheit, Voreingenommenheit, vorgefertigte Annahmen sowie Zeit- und Ressourcenbeschränkungen anzugehen. Um diese Herausforderungen zu bewältigen, ist es wichtig, das Problem aufzuschlüsseln, Annahmen und Vorurteile zu hinterfragen, Aufgaben und Ziele zu priorisieren, Prozesse zu rationalisieren und verfügbare Ressourcen effektiv und effizient zu nutzen.

Insgesamt erfordert eine wirksame Problemlösung einen systematischen Ansatz, der das Verstehen des Problems, das Entwickeln einer Strategie, das Treffen von Entscheidungen und die Bewältigung des Problems umfasst. Problemlösung erfordert auch kritisches Denken, Kreativität und Innovation. Die Fähigkeit, ein effektiver Problemlöser zu sein, ist etwas, das mit Übung entwickelt und verfeinert werden kann. Mit der richtigen Einstellung, den richtigen Hilfsmitteln und Techniken können Sie zu einem fähigen Problemlöser werden und Ihren Bereich positiv beeinflussen.

Glossar

ABC-Methode: eine Methode zur Priorisierung und Analyse wichtiger Themen, bei der diese in eine Rangfolge nach ihrer Bedeutung gestellt werden, wobei A die höchste Priorität bezeichnet.

Aktionsplan: ein Aktionsplan, der aus spezifischen Schritten zur Erreichung eines Ziels oder einer Zielsetzung besteht.

Angemessene Reaktionen herbeiführen: geeignete oder angemessene Reaktionen auf eine bestimmte Situation oder ein Problem, die positiv oder negativ sein können – je nachdem, was zur Lösung des Problems erforderlich ist.

Beitragende Faktoren: Faktoren, die zum Auftreten von etwas beitragen, zum Beispiel Bildung, Intelligenz, Persönlichkeitsmerkmale, Motivation und Selbstwertgefühl, im Falle von Kreativität.

Bewertung: der Prozess der Entscheidung, ob ein Problem gelöst wurde oder ob weiter nach Lösungen gesucht werden muss.

Bewertungskriterien: Qualitäts- oder Leistungsstandards, anhand derer bestimmt wird, ob etwas für die Produktion oder Verwendung durch Kunden / Auftraggeber geeignet ist.

Datenanalyse: der Prozess des Sammelns, Organisierens, Analysierens, Interpretierens und Kommunizierens von Daten, um einen Einblick in eine Situation oder ein Problem zu gewinnen, zum Beispiel, um Trends zu erkennen, die Effektivität zu bewerten, zukünftiges Verhalten vorherzusagen und Bereiche für Verbesserungen zu identifizieren.

Design for Six Sigma (DFSS): eine Methode zur Entwicklung von Produkten und Dienstleistungen, die den Kundenbedürfnissen entsprechen und gleichzeitig die Fehlerquote minimieren.

Design Thinking: ein Problemlösungsansatz, der die Bedürfnisse und den Kontext der Nutzer bei der Gestaltung von Produkten und Dienstleistungen berücksichtigt.

Diagramm des kritischen Pfades: ein Diagramm, das die für die Fertigstellung eines Projekts benötigte Zeit und die zur Einhaltung dieser Frist erforderlichen Aufgaben darstellt.

Diagramme: visuelle Darstellungen von Daten, die Informationen auf klare und effektive Weise vermitteln.

DMAIC: ein Problemlösungsprozess, der die Definition des Problems, die Messung seines Ausmaßes, die Analyse seiner Ursachen, die Umsetzung eines Verbesserungsplans und die Sicherstellung, dass die Verbesserung im Laufe der Zeit bestehen bleibt, umfasst.

Effektive Problemlösung: ein Prozess, bei dem mehrere Perspektiven auf ein Problem betrachtet werden, bevor eine Lösung gefunden wird.

Effizienz: die Menge des Outputs, die für jede Einheit des bei der Herstellung verwendeten Inputs produziert werden kann.

Eisenhower-Matrix: ein Diagramm zur Priorisierung von Aufgaben auf der Grundlage von Wichtigkeit und Dringlichkeit und der Frage, ob sie umsetzbar sind.

Entscheidungsfindung: der Prozess der Nutzung von Informationen, um Entscheidungen zu treffen.

Entscheidungsmatrizen: ein Hilfsmittel zur Strukturierung von Entscheidungen, das jede Option in Kategorien unterteilt und jede Kategorie auf einer Skala bewertet. Auf diese Weise lassen sich die wünschenswertesten Optionen ermitteln, während gleichzeitig eine sichere Entscheidungsfindung möglich ist.

Etappenziele: Zwischenziele, die den Fortschritt auf dem Weg zu einem langfristigen Ziel markieren und typischerweise in integrierten Softwareentwicklungsprojekten verwendet werden, um den Fortschritt nachzuverfolgen.

Experiment: ein Prozess des Ausprobierens verschiedener Ansätze oder Materialien zur Lösung eines Problems.

Feedback: Informationen über die Wirksamkeit einer Lösung.

Fehler pro Million Möglichkeiten (DPMO): das Verhältnis zwischen der Gesamtzahl der Fehler eines Produkts und der Anzahl der Möglichkeiten für Produktprobleme. Damit lässt sich beurteilen, ob ein Produkt seine Qualitätsziele erfüllt.

Flussdiagramme: grafische Darstellungen, die die Schritte eines Prozesses veranschaulichen und dabei helfen, potenzielle Probleme zu erkennen und deren Lösung zu erleichtern.

Gantt-Diagramm: ein Diagramm, in dem Aufgaben nach Datum und Zeit über einen längeren Zeitraum, in der Regel mehrere Wochen, angezeigt werden. So lässt sich visualisieren, was wann erledigt werden muss, um eine rechtzeitige Fertigstellung zu gewährleisten.

Ganzheitlicher Ansatz: ein Problemlösungsansatz, bei dem alle Aspekte eines Problems gleichzeitig betrachtet werden, anstatt sich nur auf einen Aspekt zu konzentrieren.

Gegenseitige Abhängigkeiten: die Beziehung zwischen zwei oder mehr Dingen, die miteinander verbunden oder voneinander abhängig sind.

Gewichtungsschemata: Methoden, um zu bestimmen, wie wichtig verschiedene Faktoren bei der Entscheidungsfindung sind. Gewichtungsschemata können bei der Bewertung von Produkten und Dienstleistungen verwendet werden, um zu ermitteln, welche Merkmale den Kunden am meisten nützen.

Grundursache: eine Beschreibung dessen, was passiert ist, zusammen mit Empfehlungen, wie man es in Zukunft verhindern kann.

Grundursachenanalyse: ein Prozess, bei dem die einem Problem zugrunde liegenden Ursachen ermittelt und ein Plan zu deren Behebung entwickelt wird.

Gruppendenken: ein Phänomen, das auftritt, wenn sich eine Gruppe zusammenfindet, um ein Problem zu lösen. Gruppendenken macht es schwierig, über den Tellerrand hinauszuschauen, und führt oft zu einer suboptimalen Lösung.

Herausforderungen und Überlegungen: potenzielle Herausforderungen oder Nachteile im Zusammenhang mit einem bestimmten Ansatz oder einer bestimmten Methode, die zu Verzögerungen bei der Produktlieferung führen können.

Innovation: Originalität oder die Fähigkeit, etwas Neues zu schaffen, das sich von dem unterscheidet, was bisher existierte, oft verbunden mit Kreativität und einzigartigem Denken.

Interessenvertreter: Einzelpersonen oder Gruppen, die ein persönliches Interesse am Erfolg eines Projekts haben und in verschiedenen Phasen von diesem beeinflusst werden können.

Iteratives Feedback und Testen: ein Problemlösungsansatz, bei dem nach jeder Projektiteration Feedback von Kunden oder Interessenvertretern eingeholt wird und Änderungen auf der Grundlage dieses Feedbacks vorgenommen werden.

Kognitive Voreingenommenheit: die Tendenz, aufgrund persönlicher Vorurteile auf eine bestimmte Weise zu denken oder zu handeln, zum Beispiel Menschen zu vertrauen, die so aussehen oder klingen wie wir.

Kommunikation: der Akt der Vermittlung von Wissen an andere, bestehend aus schriftlichen, verbalen und nonverbalen Elementen.

Kreative Problemlösung: eine Problemlösungsmethode, bei der in Entscheidungssituationen mit unzureichenden Informationen mehrere Lösungen entwickelt werden, bevor die beste Option ausgewählt wird.

Kritisches Denken: die Fähigkeit, Daten zu bewerten und auf der Grundlage von Vernunft, Logik und Beweisen Urteile zu fällen. Das kritische Denken ist bei der Entscheidungsfindung in allen Bereichen des Lebens anwendbar.

Multikriterielle Entscheidungsanalyse (MCDA): eine Methode der Entscheidungsfindung, bei der Optionen anhand verschiedener Kriterien innerhalb einer bestimmten Situation bewertet werden; wird häufig in Unternehmen und Behörden eingesetzt.

Nutzwertanalyse: ein Bewertungsinstrument, das Unternehmen hilft, den Wert ihrer Produkte und Dienstleistungen zu ermitteln. Die Nutzwertanalyse kann als Teil des Entwicklungsprozesses eingesetzt werden, um sicherzustellen, dass ein neues Produkt rentabel ist, bevor es auf den Markt kommt.

Outsourcing: die Beauftragung eines Dritten mit der Durchführung einer Aufgabe oder eines Projekts, die / das normalerweise von einem internen Team erledigt werden würde.

Paarweiser Vergleich: eine Entscheidungsmethode, bei der zwei Möglichkeiten miteinander verglichen werden, um die optimale Wahl zu ermitteln.

Problemlösung: ein Prozess, bei dem logisches und kreatives Denken eingesetzt werden, um Lösungen für Probleme zu finden.

Problemlösungsfähigkeiten: Fähigkeiten und Kenntnisse, die jemandem helfen, Probleme für sich selbst oder andere auf effektive Weise zu lösen.

Problemlösungsprozess: die Schritte, die unternommen werden, um eine Aufgabe oder ein Projekt erfolgreich abzuschließen.

Problemstellung: eine Aussage, die ein Problem, eine Frage oder eine Herausforderung beschreibt, die gelöst werden muss, einschließlich Informationen über die Komponenten (wer, was, wo, wann, warum und wie).

Prozess-Flussdiagramme: Illustrationen, die die an einem Prozess beteiligten Schritte aufzeigen und zur Darstellung des Informations- oder Materialflusses bzw. des Arbeitsablaufs verwendet werden können.

Prozess-Mapping: eine Aktivität, bei der Prozess-Flussdiagramme verwendet werden, um zu verstehen, wie Prozesse funktionieren, und um Bereiche mit Verbesserungspotenzial zu ermitteln.

Rationalisierung: ein Verfahren zur Verringerung der Anzahl der Schritte in einem Prozess durch Eliminierung unnötiger Phasen oder deren Zusammenfassung zu einer einzigen Phase.

Ressourcenbeschränkungen: Beschränkungen der Verfügbarkeit von Ressourcen, die sich auf die Projektleistung auswirken.

Ressourcenzuweisung: die Zuweisung von Ressourcen wie Zeit oder Geld für ein bestimmtes Projekt, eine Aufgabe oder Person.

Risikobewertung: ein Verfahren zur Analyse potenzieller Risiken vor Beginn eines Projekts, um deren Wahrscheinlichkeit und mögliche Auswirkungen auf den Projekterfolg zu ermitteln.

Simulation: ein Modell, das zur Nachahmung einer realen Situation verwendet wird, um verschiedene Szenarien zu testen und optimale Ergebnisse zu ermitteln.

Six Sigma: ein statistikbasiertes Qualitätsmanagementsystem, das darauf abzielt, Prozesse deutlich zu verbessern.

SMART: die englische Abkürzung steht für Specific (spezifisch), Measurable (messbar), Achievable (erreichbar), Relevant (relevant) und Time-bound (termingebunden) und wird für die Festlegung von Etappenzielen verwendet.

Swimlane-Diagramme: eine Art von Flussdiagramm, bei dem jeder Schritt einer Person oder einer Gruppe von Personen (den sogenannten „Schwimmern") zugewiesen ist. Die Zuständigkeiten der Schwimmer werden neben ihrer Schwimmbahn im Diagramm angezeigt. Swimlane-Diagramme helfen bei der Visualisierung der Arbeitsaufteilung zwischen verschiedenen Personengruppen und zeigen, welche Aufgaben voneinander abhängig sind.

SWOT-Analyse: eine Analyse, die vor Beginn eines Projekts durchgeführt wird und die Stärken, Schwächen, Chancen und Gefahren im Kontext des Projekts aufzeigt. Der Zweck der SWOT-Analyse besteht darin, diese Faktoren im Vorfeld zu ermitteln, damit die Teams eine Strategie entwickeln können, um ihre Stärken zu nutzen und gleichzeitig die Auswirkungen ihrer Schwächen zu minimieren oder um Chancen zu nutzen.

Systematisches Vorgehen: eine Methode zur Planung oder Organisation der Schritte, die zur Erfüllung einer Aufgabe erforderlich sind. Der systematische Ansatz wird häufig von Unternehmen verwendet, wenn es darum geht, neue Ideen zu entwickeln oder bestehende Produkte oder Dienstleistungen zu verbessern.

Teile und herrsche: eine Problemlösungsstrategie, bei der komplexe Probleme in kleinere, überschaubare Teile zerlegt werden.

Unterprobleme: kleinere Probleme, die gelöst werden müssen, um das Hauptproblem angehen zu können, und die ermittelt und auf effiziente Weise angegangen werden sollten.

Verantwortlichkeit: die Fähigkeit, für seine Handlungen verantwortlich zu sein, was sich auch darauf beziehen kann, jemanden für seine Handlungen zur Rechenschaft zu ziehen, um zu verhindern, dass er sie wiederholt.

Verbesserungsphase: eine Phase des Problemlösungsprozesses, in der Möglichkeiten zur Verbesserung der Gesamteffizienz und -effektivität ermittelt werden, um zu vermeiden, dass unnötige Schritte wiederholt werden oder zu viel Zeit für eine einzelne Aufgabe aufgewendet wird.

Vier Säulen der effektiven Problemlösung: ein Problemlösungsrahmen, der vier Schritte umfasst: Definition des Problems, Brainstorming möglicher Lösungen, Auswahl und Umsetzung einer Lösung und Bewertung der Wirksamkeit der Lösung.